ローカルメディアの仕事術

人と地域をつなぐ8つのメソッド

編著
影山裕樹

著
幅允孝
多田智美
原田祐馬
原田一博
成田希
小松理虔
山崎亮

学芸出版社

はじめに

前著『ローカルメディアのつくりかた――人と地域をつなぐ編集・デザイン・流通』を二〇一六年に発行して以来、地域に根ざした印刷会社、ローカル出版社、自治体、文化施設、NPOなどの中間団体他、多様な人々と出会う機会が増えた。これほどまでに「ローカルメディア」が注目されているのかと、びっくりしているところが正直ある。

同時に、それぞれの人たちにとって、「ローカルメディア」の捉え方が違うこともわかってきた。紙やウェブといったわかりやすいメディアを立ち上げたい人たちのなかでも、メディアがもたらす成果と目標をどこに設定するか（売り上げなのか、地域課題の解決なのか）がバラバラなのだ。そもそも、メディアという概念も広すぎる。

でも、マスメディアが衰退している現代、ローカルな情報発信が価値をもち始めているのも確かだ。では、現代におけるローカルメディアとはなんなのか？　どこにゴールを見定め、それぞれの地域にふさわしいメディアを生み出せばいいのか？　本書はそんなノウハウを「実践編」として収録した。

まず、ローカルメディアづくりにおいては、これまでのマスメディアや商業出版とは異なるスキル、考え方が必要とされている。出版取次や大手ネット書店の流通網を通して、全国に均一に届けられた本だけが必ずしも多くの人に読まれるわけではないし、地上波を通して全国に届けられるテレビ番組を多くの人が同時に見る時代でもない。

だから、メディアのスタートからゴールまでの全体像を考え、流通の仕方を設計し、マネタイズをするところから始めなければならない。そこには従来の編集とは違いプロジェクト全体を眺めるプロデューサー的視点が必要になる。

もう一つは、メディアのかたちにしたがって適切な人材を集め、チームをつくる。出版社やメディア企業のような、専門職種がそれぞれ専門性を発揮して事業を継続するものと、地方で出版やメディアを生業とすることでは条件が違いすぎるからだ。専門性を飛び越えた働き方が必要になってくる。デザイナーは単にデザインしているだけではダメだ。ウェブメディアを立ち上げるなら、バナー広告やアフィリエイト以外のお金の集め方を編み出す必要がある。

そして最後に、ディテールを詰める作業が必要だ。マスメディアと違って読者との距離が近いローカルメディアは、取材先に対しても慎重にアプローチしなければならない。取材したら終わりではなく、今後も長い時間をかけて関係性をつくっていく同じ地域に暮らす大事なパートナーだからだ。文章を書いたり、写真を撮ったりする際にも、よそ者として関わるのではなく、当事者とジャーナリストという二つの立場を行き来しながら、地元に巻き込まれていく覚悟が欲しい。

そんなローカルメディアならではの仕事術について、二章では講座形式で各地で活躍するメディアづくりのプレイヤーに各論を執筆していただいた。

本書ではまた、前著でとりあげきれなかったローカルメディアのプレイヤーに新たに取材している。そこで、僕がいま考えているローカルメディアの可能性について改めて考察したいと思う。企業、行政、個人、ＮＰＯなど多様なプレイヤーがメディアづくりに参入している今、ローカルメディアの動きは、単に地域活性化や地方創世の文脈に乗っているからブームになっているのではなく、地域課題を解決するという名目でさまざまなチャレンジができる新しい実験場になっていることを示していきたい。

地域でメディアを発行したい行政や企業、個人、団体の人には、本書を手にとってローカルメディアが広がる多様な各地の事例を知ってもらいたいし、可能ならば実践者として名乗りをあげてもらいたい。

二〇一八年四月　影山裕樹

ローカルメディアの仕事術
人と地域をつなぐ8つのメソッド

2章 ローカルメディアの編集術……45

①全体像をつくる

1 プロデュース術――最後まで緻密に関わる　幅允孝／ブックディレクター……46

2 編集術――関係者に揉まれながら一番よい解決策をみつける　影山裕樹／編集者・千十一編集室代表……62

②枠組みをつくる

3 チームづくり――ともにつくる一〇か条　多田智美／編集者・MUESUM代表……79

4 デザインの方法――魅力的な誌面をめぐる考え方　原田祐馬／UMA/design farm代表……101

5 ウェブサイト運営術――収益をめぐる試行錯誤から　原田一博／『枚方つーしん』編集部……116

③ディテールをつくる

6 取材&インタビュー術――街の人の素の声を聞きとるには　成田希／星羊社・『はま太郎』編集長……130

7 文章術と心構え――誰かではなく「私」が書く　小松理虔／フリーライター・ヘキレキ舎代表……143

8 写真の撮り方――撮り溜めのすすめ　山崎亮／コミュニティデザイナー・studio-L代表……156

1章

ローカルメディアを始める前に

影山裕樹

① ゴールは要るが、ルールはない

近年、全国各地でローカルメディアが盛んにつくられるようになった。有料で販売される雑誌、自治体や企業がＰＲのために無料で配布するフリーペーパー、イベントに合わせて発行される小冊子、観光客や移住者を獲得するためのキャンペーンサイト……。他にも、古くから地域に根ざしたテレビ局、ラジオ局、新聞もある。これらもローカルメディアと言っていいだろう。

僕はローカルメディアを、「ある地域に読者層が限定されているもの」と定義している。読者層が限定されているという意味では、業界紙や学会誌、会報などと近いかもしれない。さらに、近年流行しているジンやリトルプレスなど「趣味嗜好の合う人々に届けられる」メディアとも似ている。

しかし本書では、趣味嗜好、階級、業界が限定された均質なコミュニティに届けられる業界紙やリトルプレスなどと違い、ローカルメディアは「ある地域に限定されているがゆえに、暴力的に顔を合わせなければならない『異なるコミュニティに属する人々』をつなぐメディア」であると考えてみたい。

複数のコミュニティ（読者層）にリーチするメリットは二つある。一つは、端的に購買数が増えるので経営が安定する、ということ。もう一つは、地域内の固定化したコミュニティや人の流れを攪拌するツールになるということ。ローカルメディアをつくることは地域を変える「手段」であって、自己表現のための「目的」ではない。ローカルメディアをつくりたいのはわかるけど、そもそも（あなたの）「ゴール」はどこにある？　ということが本書でもっとも伝えたいことの一つである。

今、地域でなんらかのメディアを立ち上げたいという人のモチベーションはどこにあるのだろう？　結局は、東京発行の雑誌やカルチャーニュースに取り上げられることを目的としてはいないだろうか。SNS映えするビジュアルやストーリーがいっとき取り上げられることと、それが継続的に発行され、地域にとって必要なメディアとして定着することは多くの場合、別の話だ。

一方、個人で何十年も発行し続けたり、荒削りだけれど熱がこもったローカルメディアを見るにつけ、必要不可欠なスキルなんてない、想いがあって読者との関係づくりがきちんとできていればそれで十分だ、と考えることもある。「ローカルメディアにルールなんてない」と。

実際、個性や才能、メディアや出版の世界で研鑽を積んできたプロでなければ、あるいは、いっときの偶然や奇跡のような出会いが重ならなければ、ユニークで持続可能なメディアはつくれないのだろうか？　地域の課題に真摯に向き合い、解決する術を模索するすべての人に提供できる最低限のノウハウがあるはずだ。

素人には真似ができない特別な技術や根性論ではなく、かといって「成功するメディアづくり」的な安易なマニュアルでもない、個別具体的なノウハウを、地域や目的別に提供することが本書の狙いである。

②　ローカルメディアとは何か

①地域再生に役立つのか？

よく、「ローカルメディアは地域再生に役立つのですか？」と聞かれることがある。答えはノーだ。地方のシャッター商店街を元気にするために、まず始めにすべきことはなんだろうか。補助金を活用してポスターやフリーペーパーをつくること？　いや、違う。まず今シャッターが閉まっている店舗にテナントを入れ、継続的な地元客の流入を促進することだ。空き物件の利活用は地方創生の要だし、地域経済の活性化こそ、地域において有意義な取り組みだと多くの人は考えるだろう。

一方、メディアは紙であれウェブであれ、特定の場所に縛られずあらゆるところに偏在する。メディアが生み出す情報が広く行き渡り、人々に共有されることが価値だ。空き家や統廃合で使い途のなくなった小学校のリノベーションなどと比べて、目に見えてわかりやすい効果はない。ローカルメディアが、地域の経済や文化に貢献することを実感するには、その意義を、もう少しきちんと見ていく必要がある。

例えば、空き物件にはどんな店でも入ればよいのか？　それは地域に必要とされる店として長続きするのか？　多くの場合、簡単に答えは出てこないだろう。「なぜここにその店が必要なのか」。必然性がなければ店は続かない。その店、その商店街、その地域に何が求められているのか、改めて考える機会が要る。そんな時、店舗の持ち主や地域住民など、「ある地域に限定されているがゆえに、暴力的に顔を合わせなければならない『異なるコミュニティに属する人々』をつなぐメディア」が役に立つかもしれない。その店や地域のアイデンティティを再定義し、必然性のある活用方法を見出す手段の一つがローカルメディアだ。

②ローカルメディアとマスメディア

そもそもローカルメディアとはどういったタイプのメディアなのか？　最近は、雑誌や新聞、テレビなどのマスメディアに対置される言葉として使われることが多い。しかし、本当にローカルメディアとマスメディアとは対立するものなのだろうか。地域で発行され、そのエリアのシェアが半数を超える地元新聞はマスメディアとは言えないのか。あるいは、全国版の新聞のような日本語で書かれたマスメディアは、日本語読者にしか届かないという意味で、ローカルメディアと言えるのではないか。

読売新聞、朝日新聞など日本の新聞は、各国の新聞発行部数のなかでもとりわけ多い。マスメディアは、共通の言語を持つ大衆向けに「内向き」に発信される。そこで書かれる記事は当然、その地域の大衆特有の慣習、政治状況、文化的傾向に偏っている。そして、いかに情報の閉鎖性が強くとも、その地域の人口が多ければ多いほど、単純に部数が増加する。

マスメディアとはその名のとおり、マス（大衆）が共有すべき情報を発信し、共通の世界にいるという幻想を強化するための装置（メディア）なのだ。しかし、インターネットの登場以降、グローバルなメディア環境のただなかに世界中の人々が同時に投げ込まれる状況が生まれた。

すると相対的に、マスメディアで書かれたことが世界の現在《いま》を反映している、という信頼感が急速に失われていく。奇しくもマスメディアの「ローカルさ、内向きさ」が際立って見えるようになる。ある意味、マスメディアもローカルメディアなのだ。

最近、民放のバラエティ番組で黒塗りの顔をした芸人が出て問題になった例があるが、こうした批判は海外や国内在住の外国人から発せられる。もちろん、少しでも歴史的にふり返ってみれば黒塗りをした顔を公共の放送に乗せるのは悪手以外のなんでもないが、内向きのマスメディア、民放バラエティにそういうリテラシーが根付いていないことは容易に想像できる。残念ながら日本の民放バラエティ（とその視聴者）には、海外からの思わぬ批判を受け止める度量がまだないのだ。

ローカルメディアとマスメディア

③面白いものは〝ローカル〟に潜んでいる

こうして、マスメディアをローカルメディアと比較するように、マスメディア・ローカルメディアをひとくくりにしたうえで、グローバルなメディア環境と比較する視点が近年育ってきたように思う。

現実には、「偏りのない正しい情報」を発信するメディアなんて幻想でしかないし、また一つのメディアが読者というコミュニティ（マスメディアの場合は大衆）を囲い込むことも、もうできない。実は、その点がローカルメディアにとって面白い状況をつくりだしている。要はローカルメディアであれ、マスメディアであれ、海外メディアであれ、世界を見通す「窓」はあらゆるところに開いているのだ。

テレビ埼玉が毎年正月に放送している「埼玉政財界人チャリティ歌謡祭」なんていう痛快なのどじまん番組も、埼玉県民にとっては紅白歌合戦くらい有名かもしれないが、埼玉県外の人は誰も知らなかった。でも近年、ネットを通して多くの人に知られる番組になった。

秋田経済新聞で、ババヘラアイスという、地元のおばあちゃんが道端で売っているアイスの「ミルキー味」がキャンディになって不二家から秋田限定で発売されたというニュースが話題になった。そもそも、東北以外ではババヘラアイスを知らない人が多いのに、なぜさらにマニアックなミルキー味のニュースが話題になるの？　と疑問に感じた。きっと、あの水っぽくて味の薄いババヘラアイスの濃厚なバージョンが出る、ということで、秋田の人のハートをぐっと掴んだからかな、と想像している。

そして、こうした超ローカルニュースに反応するのは何もその土地に住んでいる人だけではない。秋田にかつて住んでいた人、いつか住んでみたい人など、ある地域をテーマにあらゆる地域に暮らす読者対象になりうるわけだ。そういう人たちのニーズがあるからこそ、まとめサイトにも上がり、拡散されるのだ。

一〇年ほど前、デジタルオーディオプレーヤーの流行により、かつてアルバム単位で音楽ソフトを購入することがユーザーの前提だったものが、一曲単位でデータを購入するようになった変化に似て、マスメディアが発信する情報は記事ごとにFacebook、TwitterなどのSNSを通して切り売りされている。

こうした現状を鑑みるに、読者のメディアへの信頼感は、パッケージ化されたメディアの発行年数や部数の多さに信頼を置くのではなく、単体記事の話題性や切り口のほうへと関心が移行してきている。突如、マイナーなニュースメディアから発信される記事がバズを起こし多くの人の目に触れるようになる。意図したものでなくても、外部の目線で見ると面白いものがローカルにはたくさん潜んでいるからだ。

実はこういう、グローバルなメディア環境に足場を確保したまま、ある限定された地域をテーマに情報を交換し合うことで、マスメディアが表象する地域のステレオタイプから解き放たれ、自分たちの力で地域のアイデンティティを再定義することができるようになる。

だから、ローカルメディアを曲がりなりにもビジネスとして成り立たせるために実験、試行錯誤を繰り返してきた各地のつくり手たちの取り組みは、ある意味現代的なメディアづくりの最前線（フロンティア）なのだ。古くて新しいローカルメディアの試みをじっくり眺めれば、インターネット、SNS時代にふさわしいこれからの情報発信のありかたがおぼろげながら見えてくる。

③ ローカルメディアをつくるポイント①こだわるべきクオリティは何か

ここからはもう少し具体的にローカルメディアをつくり始めるときに必要なポイントを紹介したい。いずれも、商店街の空き店舗対策と同じよう「なぜ、このメディアが必要なのか」、その必然性を確認する作業だ。

一つはそのメディアに必要な「クオリティは何か」を考えること、もう一つはそのメディアに必要な「メディアのかたち」を考えること。

当たり前だが、クオリティの高いコンテンツづくりはメディア一般の業界で必要とされる技術とそう大差がない。しかし、ローカルメディアは、限定された地域だからこそメディアづくりに必要不可欠なスキルを持ったクリエイティブな人材（ライター、編集者、デザイナー、カメラマンなど）や資金が不足しがちだ。都会に比べてハンディのある地方のメディア従事者は、こうした逆境のなか、いかに思いどおりのクオリティを担保したらいいのだろうか。そもそも、ローカルメディアのクオリティとは何のことなのだろう。

①こだわりの流通――すべて自分で配る『みやぎシルバーネット』

宮城県で二〇年以上発行されている月刊紙『みやぎシルバーネット』は、文字どおり、お年寄り向けの情報を提供するローカルメディアだ。メインのコンテンツはなんといっても「シルバー川柳」。毎月読者から投稿される一〇〇〇句もの川柳のなかから、二〇〇句ほどが選ばれ、虫眼鏡で見ないと読めないくらいぎっしりと掲載されている。お年寄りは毎月同紙を手に取って、自分の投稿した川柳が載っているかどうかを楽しみにしているという。

投稿される川柳の絞り込み作業だけでも大変そうだが、発行人の千葉雅俊さんは編集、ライティング、デザイン、広告営業、配布作業までたった一人で行っている。せめて、印刷所から最新号が上がってきたら、配布作業くらい業者に頼んで次

『みやぎシルバーネット』（撮影：喜多村みか）

『シルバーネット』の設置場所リスト

（『シルバーネット』HP：http://silvernet.la.coocan.jp/haifusaki.html をもとに作成）

①老人クラブ（町内会）　※各地の老人クラブに約5000部
②公共施設　老人福祉センター、市民センター、老人憩の家、文化センター、図書館など ・老人福祉センター（台原・大野田・高砂・小鶴・郡山・泉） ・老人憩の家（虹の丘・長命ヶ丘・南中山・泉ヶ丘・向陽台） ・市民センター（太白区中央・青葉区中央・若林区中央・宮城野区中央・泉区中央・他） ・その他の公共施設（メディアテーク・県図書館・シルバーセンター・福祉プラザ） ・老人ホーム等（エバーグリーンシティ寺岡・そんぽの家S八乙女・長生園・アースの森・他） ・その他（岩沼市シルバー人材センター）
③病院（各地の主に大きな病院） 東北大学病院／仙台市立病院／仙台オープン病院／仙台医療センター／国立西多賀病院／県立がんセンター／東北労災病院／JCHO仙台病院／仙台循環器病センター／仙台赤十字病院／広南病院／JR仙台病院／徳洲会病院／佐藤病院／泉整形外科／JCHO仙台南病院／東北医科薬科大学病院／仙台東脳神経外科病院／星陵クリニック／仙塩病院／岩切病院／しかない整形外科／仙台胃腸クリニック／東北整形外科・仙台北整形外科／石巻赤十字病院／せんだんホスピタル／泉病院／仙塩利府病院／イムス明理会仙台総合病院／朴澤耳鼻咽喉科／東北医科薬科大学若林病院　他
④スーパー モリヤ（スーパービッグ）全店舗。一部のみやぎ生協、ヨークベニマル
⑤杜の都信用金庫（全店舗）
⑥毎日新聞の一部に折込　※約9050部を仙台市内の毎日新聞に折込。毎日系列の販売店のみ。
⑦地下鉄の駅（11駅・13箇所のアドスタンドに設置） ・泉中央駅・黒松駅・台原駅・北四番町駅・勾当台公園駅・広瀬通駅・仙台駅・五橋駅・河原町駅・長町一丁目駅・長町南駅
⑧その他郵送サービス（送料実費負担あり）

号の編集作業に取り掛かればいいのに……。しかし、千葉さんはそうしない。

「『千葉さん、編集長なのに配達までしちゃって』とよく読者の方から言われるんですが、どこに、どう置くか置かれるか、残っていた枚数までチェックしないとダメだと気づいたんです」（『ローカルメディアのつくりかた』より）

千葉さんの話には説得力がある。人材リソースも、豊富な資金もない状況を逆手にとって、適正規模のビジネスモデルを編み出している。「地域のお年寄り同士が繋がる」というメディアのミッションのために「必要なクオリティ」とは何か。千葉さんは、プロのデザイナーを雇うことではなく、一枚一枚を確実に自分で届けることだと、判断したのだろう。「一人でやる」メリットとは単に経費削減のためではなく、メディアづくりのすべてのプロセスを、自分の目が届く範囲でコントロールすることにある。実は意外に、全国規模の雑誌編集部でも、「お役所仕事」の地元情報誌でも、メディアが発行される前から後までの全工程に責任感をもって仕事に取り組んでいる人は少ないものだ。

メディアづくりを専門としたプロフェッショナルが少ないからといって、東京の広告代理店や雑誌のプロに仕事を丸投げしてはいけないと思う。地方で失敗するメディアの多くが、予算を地元以外の業者に丸投げする行政によって量産されている。これは、紙やウェブといったメディアのみならず、ＰＲ動画、観光・地元産食材のキャンペーンなど隣接する分野でもよく見られる。素人でも、お金がなくてもいい。「すべて自分でやる」、もしくは「最後は自分が責任をもつ」ことで、東京から見た地方のレッテルに隷属することなく、地域の価値を自分たちで掘り起こすことが可能となる。

②ローカルならではの経営――業態を掛け合わせる真鶴出版

最近、「地域を編集する」という言葉をよく聞くようになった。これまで出版・メディア産業にひも付いていた編集という職業スキルを、まちづくりに活かしたらどうなるか？　といった考え方である。出版・メディア業界が激変し、雑誌や新聞、書籍といった従来の紙メディアの発行数がピークだった一九九六年ごろに比べて、三分の二ほどまで減少してしまった市場規模に対応するために、インターネットやパソコンさえあればどこでも仕事ができるフリーランス編集者がこれまでにない数で増えている。そして、彼らは編集者として培った職能を活かし、ウェブや広告、イベント、地域おこしなど新しいフィールドで活躍し始めている。地方にはクリエイティブな人材が少ないと思われがちだが、実際はUターン、Iターンで戻ってきたけれど、雑誌や広告などの仕事が都会に比べて少なく、技術と経験をもて余している人が結構いるものだ。

神奈川県の真鶴半島で、宿を経営しながら出版を行うユニークな出版社がある。「真鶴出版」と名付けられたその出版社は、二〇一五年に真鶴に移住した川口瞬さんと來住《きし》友美さんによって立ち上げられた。築五〇年の古民家で、川口さんが出版活動をし、並行して來住さんが宿を運営するという、いわば〝泊まれる出版社〟だ。大学時代から都内の出版社兼書店のSHIBUYA PUBLISHING & BOOKSELLERSでインタ

築50年の住宅に宿と出版社が同居する「泊まれる出版社」

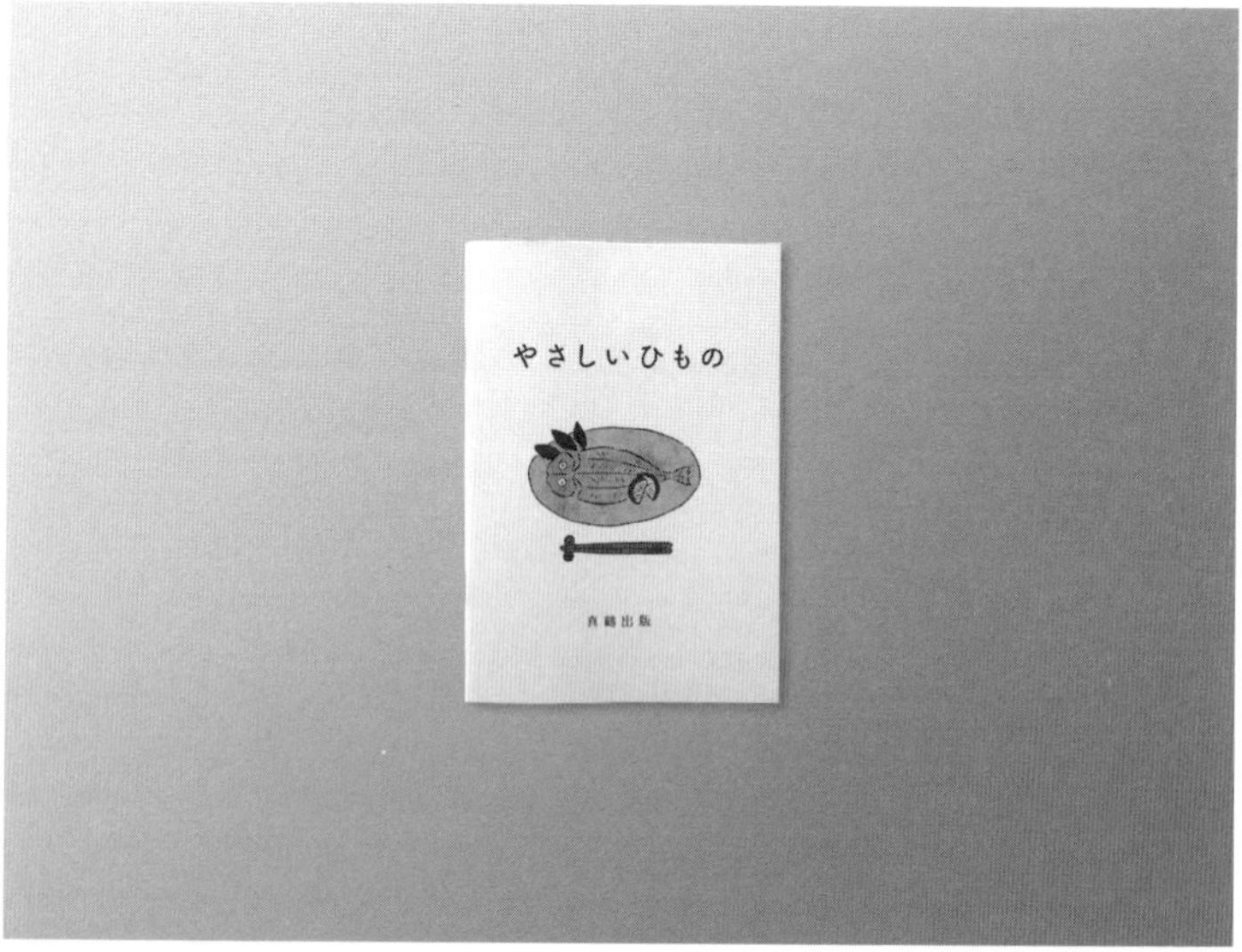

真鶴出版の書籍『やさしいひもの』(提供：真鶴出版)

ーンをして、出版の世界に関わるようになった川口さん。卒業してＩＴ企業に勤めた後も、仲間とインディペンデントマガジン『WYP』を創刊。大学時代から交際していた來住さんがフィリピンでゲストハウスの運営に関わることをきっかけに、退職してフィリピンに語学留学に行った後、二人で帰国し、真鶴に移住した。

真鶴出版はいわば、出版・編集のスキルをもつ川口さんと、宿泊施設の運営のノウハウをもつ來住さんという二人の職能を掛け合わせて生まれた業態。真鶴出版では、地元のひもの屋さんで交換できるひもの引換券がついた『やさしいひもの』という本を出版している。この本を買った人のうち何人かは、実際にひものを求めて真鶴に訪れているという。そうした本を手にやってくる出版社のファンが、宿の宿泊客になることもある。場とメディアがシナジーを起こす。このように新しい視点で、地方でメディアを別の業態と掛け合わせる事例は今後増えていくだろう。

編集者はよく、職人に例えられる。著者から上がってきた原稿を仔細に眺めて校正・校閲を行い、鉄をたたくように文章や写真などコンテンツのクオリティを上げる。装丁やタイトル、出版後のプロモーションまで考えながら黙々と仕事をする。

一方、こんなこともよく言われる。

「おいしいパンを焼くことと、お店を繁盛させることは違う」

これは、スモールビジネスの経営指南書で使われるフレーズだ。独立開業を目指す起業家が失敗する一番の理由は、職人意識が強すぎて、経営者としての自覚がない、ということ。

ローカルメディアはその性質上、パン屋や町工場に近いので、この言葉は割と響いてくる。職人としての職業編集者は「よいもの」をつくるために集中するばかりで、資金繰りなどのマネジメント意識や、事業を成長させ安定させていく経営者視点が足りない場合が多い。だからこそ、ローカルメディアづくりには、これまでの出版・メディアで重宝されてきた職人的技能に頼りすぎない「プロデューサー的視点」が必要不可欠なのだ。

既にあるメディア（フリーペーパー、雑誌、ウェブマガジンなど）の設計を見直したり、改善したりする際には職人的技能が役に立つ。しかし、これまで語ってきたようにローカルに必然性のあるメディアを生み出すつもりなら、それだけでは足りない。

この「必然性」こそが、ローカルメディアづくりで最も大切な部分だ。必然性を獲得しないメディアは持続できない。行政発行のウェブメディアでよく見られがちなのが、立ち上げたはいいが更新されない「廃墟メディア」になっていること。メディアづくりが目的となってしまい、地域課題を解決するといった本来の目的が忘れ去られてしまうことで、こうした事態が起こる。では、地域に必然性のあるメディアを生み出すにはどうすればいいのだろうか。

④ ローカルメディアをつくるポイント②ローカルならではのかたちは何か

二つ目のポイントは、メディアの機能（かたち）を工夫すること。「メディアはメッセージである」と語ったマーシャル・マクルーハンにならうなら、届けられるメッセージそのもの（コンテンツ）よりも、メディアのかたち（新聞、テレビ、ラジオ……）そのもののほうが、言外に多くのことを「語っている」。

恋人にプロポーズするならＬＩＮＥメッセージより電話のほうが真剣さは伝わる。手書きの手紙のほうがいいかもしれない。地元の祭に若者を集めたいなら、お年寄りしか読まない地域の回覧板よりＳＮＳで拡散したほうが効果的だ。メディアはその目的に合わせて、かたちを変える必要がある。

NPO 法人 本と温泉による『城崎裁判』（万城目学 著）。タオル地製本の本

①そこでしか手に入らない本――「本と温泉」

城崎温泉の旅館の若旦那が集まって立ち上げられたNPO法人「本と温泉」（四六頁参照）は、城崎温泉でしか買えないタオル地製本の本を出版している。「わざわざ現地を訪れないと買えない」しかけは、取次を通して全国の書店にまんべんなく届けられる出版の慣例を覆す試みだ。デザインのユニークさ、著者のネームバリュー、何らかの形でこの本に惹かれた人は、わざわざ本を買うために城崎温泉を訪れる。そして現地の旅館に滞在し、宿から支給される下駄を履き浴衣を着て外湯へ繰り出していく。

街全体を宿として考え、湯に浸かり、カニを食べ、お土産物屋や射的場で時間を潰す。そういう観光体験そのものを旅館街全体で考えている地域だからこそ、観光体験を増幅する「本」というツールが活きてくる。

ローカルメディアはマスメディアや全国のリアル書店やインターネット書店を通して均一に配本される出版物と違って、流通経路が限定されている。だから、「誰に、どのように届けられるか」を考えるところからローカルメディアづくりは始まる。「本と温泉」プロジェクトはそこから生まれた発想だった。

②新しい地域密着――『枚方つーしん』

また、メディアは情報を発信者から受け手へ一方的に届けるのではなく、受け手から発信者へと、双方向のやりとりがあることで本領を発揮する。発信者と受け手の距離が近いローカルメディアならばなおさらだ。元祖・地域雑誌として知られる『谷中・根津・千駄木（通称：谷根千）』（二三二頁参照）の森まゆみさんは、「送り手と受け手に互換性があり、情報が双方向に行き来すること。私たちの雑誌は、まさにそのためのメディア（乗り物）であればよい」（『小さな雑誌で町づくり――『谷根千』の冒険』晶文社）と語っている。いわば、井戸端会議や回覧板のような、発信者の顔が見える近さを活かした戦略がローカルメディアのユニークさ、そして地域で発行する必然性を生み出す。

　ウェブメディアであっても変わらない。大阪府枚方市を対象としたロ

町の細かな閉店・開店情報を報せる『枚方つーしん』（提供：『枚方つーしん』）

ーカルメディア『枚方つーしん』（一一六頁参照）は、月間三〇〇万ページビューを誇る人気サイトだ。ここは、六〇社限定の企業パートナーからの広告で制作費をまかなっている。広告を出稿する企業も地元の企業ばかりで、地元密着の姿勢が評価されていることが広告を見ているだけでもわかる。例えば彼らの不動産広告（ひらつー不動産）は、最寄り駅からお勧めのカフェやパン屋、ゲームセンター、そこで出会った地元の人々を紹介しながら、敷地にたどり着くという、丁寧な案内ぶりだ。肝心の独自企画の記事も「地元情報クイズ」や「お店の開店・閉店情報」「しんどい坂道ランキング」など、住む人の会話のネタになりそうな、痒いところに手が届く情報を頻繁に発信しており、地元愛が伝わってくる。メディアを継続して発行し、社員を雇い続けるためにも従来のバナー広告やアフィリエイトではなく、地元の企業から掲載料をもらって記事を執筆したり、年間を通してパートナー企業から資金を調達し、自由な記事づくりを担保するついでに広告主との関係性を強める仕組みをつくっているわけだ。そうしたつながりやメディアのブランド力を活かして、コワーキングスペースのような拠点づくりや、マルシェなどのイベント開催まで乗り出している。

⑤ 最終的な目的はまちの再編集

①メディアじゃなくてもよい、という結論

一つ目のポイントで指摘したとおり、地方でクオリティの高いメディアをつくるには、読者数、人材、資金面の壁など、都市ではないことがネックとなる。だからこそ二つ目のポイント、メディアのかたち（機能）そのものや独自の流通経路（読者との関係性、距離感）を発明することが、地域における必然性を生み出すし、事業として生き残る手段となる。

地域課題を解決するために必要なメディアのかたちを、もう一度真剣に考え直してみると、実はローカルメディアじゃなくてもよかった、という結論だってありえる。

②ふえるかカード――京都市北区新大宮商店街

例えば、京都市北区にある新大宮商店街では「ふえるかカー

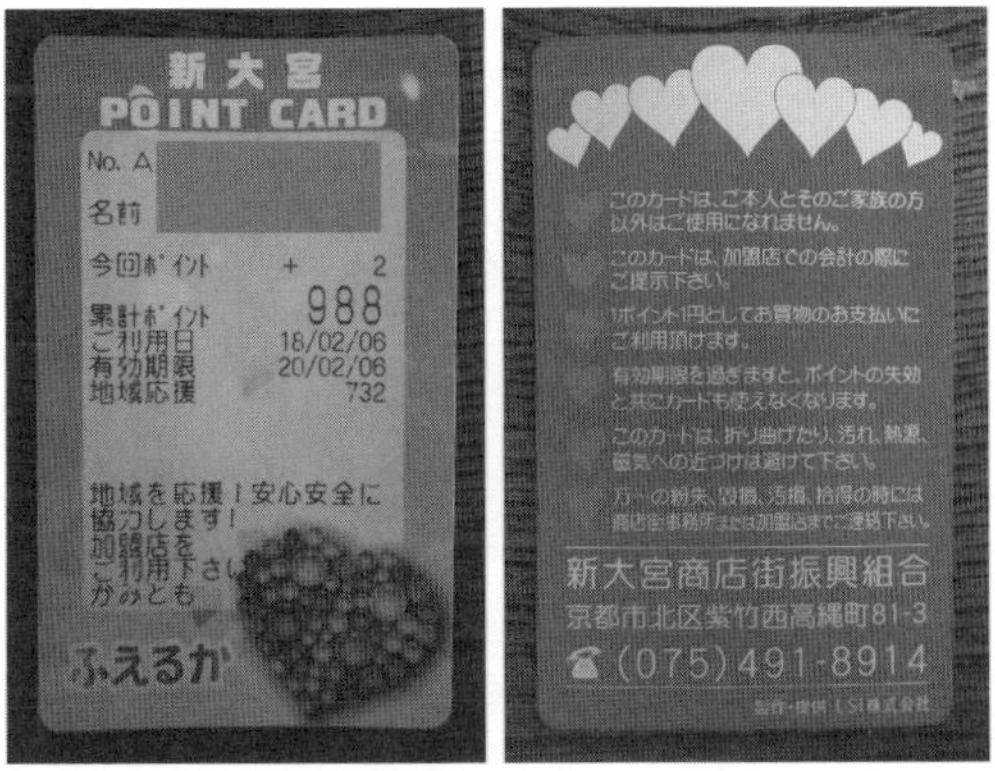

京都市北区の新大宮商店街が発行する「ふえるかカード」

ド」というユニークなポイントカードが利用されている。一見普通のポイントカードかと思いきや、通常の買い物で付与されるポイントの一年分の0・8パーセントが、自治連合会やPTA、社会福祉協議会など、地元の地域団体に好きなように振り分けられるのだそうだ。商店街で買い物すればするほど、地域団体が地域活動を行う上での原資となる仕組みだ。

それだけではない。お客さんの来店履歴がデータとして蓄積されているので、しばらく買い物に来ていないお年寄りがいたら、商店街事務局から自宅に「お元気ですか？」と電話が行くようになっているのだそうだ。ポイントカードという冷たい紙切れが、なんだか暖かく感じられてしまうのは僕だけだろうか。

このように、お年寄りの孤立が問題の地域や孤独死が課題になっている団地なら、若者も参加する回覧板を構想してみてもいいかもしれない。通常、フリーペーパーを創刊したら、知り合いのカフェや市役所のラックに配布する、というアイデアしか出てこないものだ。せっかく良質なメディアをつくっても、配られる場所が考えられていないと、届けたい相手に届かない。これではつくる意味がそもそもない。

新しいメディア（テレビ、インターネットなど）が登場すると、決まってオールドメディア（新聞、ラジオなど）が衰退すると思われがちだが、必ずしもそうではない。僕が回覧板を意識したのは、三・一一の震災直後だった。Twitter上で安否確認が飛び交うなか、顔も知らない、同じ団地の別の階の住人の方から「こんな時だからこそご近所づきあいを大切にしましょうね」と書かれ届けられた回覧板に、血の通ったメッセージの強さと、回覧板という「発信者と受け手の距離の近さ」に可能性を感じた。

マクルーハンは、人間がつくった人工物、テクノロジーはすべて「メディア」であると語った。つまり、人間がまったく足を踏み入れたことのない原生林にメディアは存在しない。恐竜を絶滅させた隕石もメディアではない。しかし、そこに人間の意図や作為が込められていれば、あらゆるものがメディアになる。スマホアプリ、ラッピング電車、地域SNS、コミュニティラジオ……目的に応じたメディアのかたちには無限の可能性がある。メディアはある種、ふだん出会わない「異なるコミュニティ」を出会わせる機能をもっている。

③カフェ×銭湯×宿泊×惣菜屋×手紙――東京・谷中HAGISOの試み

東京・谷中の古いアパートを改装し、カフェやギャラリーなどが複合した施設HAGISO代表の宮崎晃吉さんは、まちの飲食店で食事をし、銭湯に入り、まちなかのさまざまな場所に設けられた部屋に泊まるhanareというプロジェクトを行ったり、地元の人向けのお惣菜屋さんTAYORIを運営したり、さまざまな業態をまちに仕込みながら地域を盛り上げる活動をしている。

なかでも、二〇一七年にオープンしたTAYORIが面白いのは、店内に「食の郵便局」と書かれたコーナーがあって、お店で食べたものの感想を、生産者に手紙に仕立てて送れるようになっている。生産者と消費者をむすぶ食べ物付き情報誌『食べる通信』のような仕組みだ。

情報=価値を交換するという意味で、TAYORIはメディアの手法に近い。宮崎さんはこう語っていた。

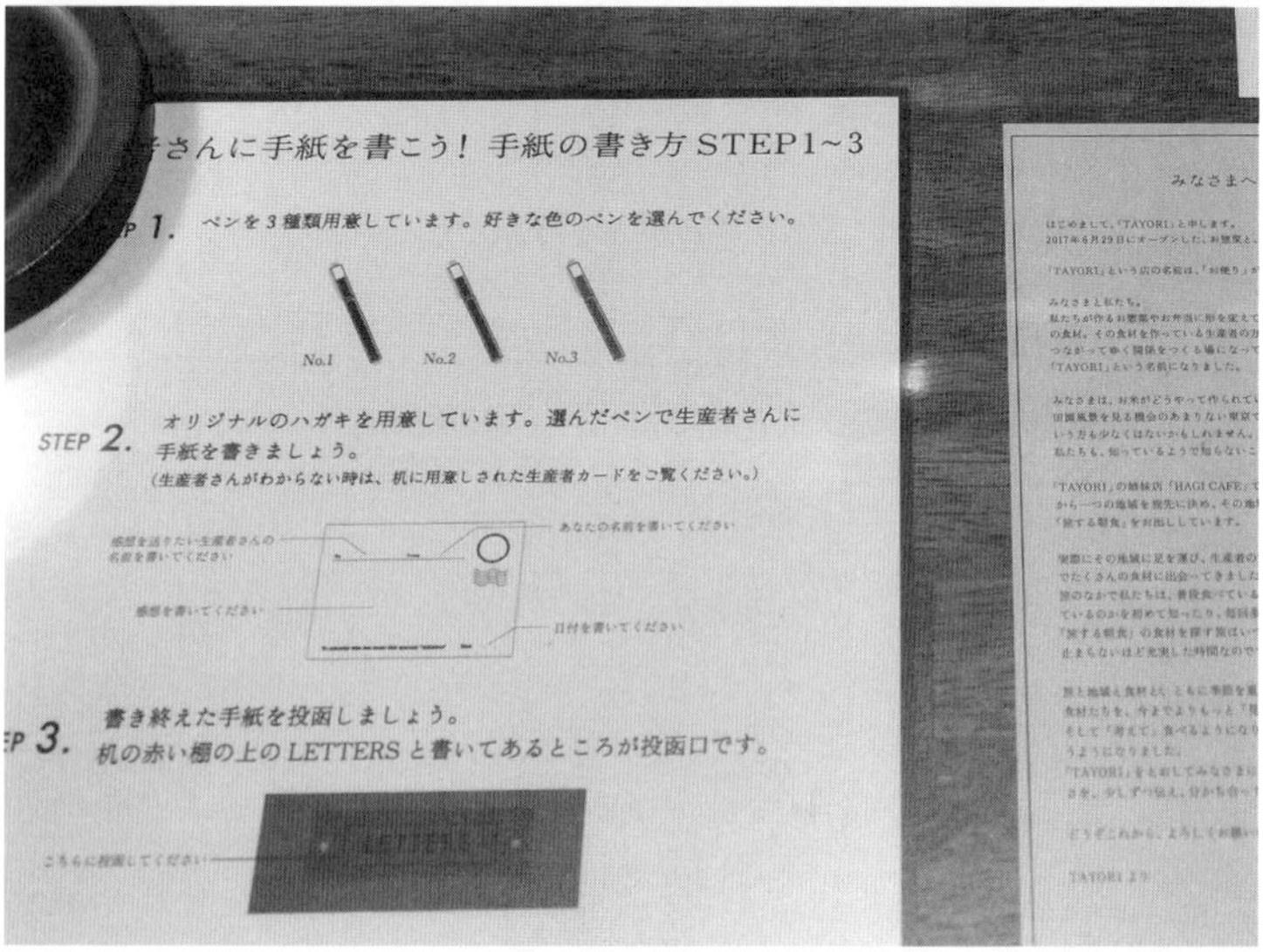

谷中の惣菜屋 TAYORI に置かれた食の郵便局コーナー

「TAYORIもそうですけれど、hanareやHAGISOにしたってそう。僕らがやっている、まちの遊休不動産を活用するリノベーションの仕事は編集に近いですね。ゼロから一を生み出すのではなく、既に地域にあるリソースを活用し、それをどう結び合せるか、という仕事ですから」

編集（メディア）の仕事は多岐にわたり、一つのメディアをつくるのに大勢の人が関わる。企画立案し予算を獲得する、テキストや写真のクオリティに最後までこだわる、理想的なチームをつくる、最悪のリスク（読者からのクレームや、著作権侵害などのトラブル）に対処する……これらメディアづくりに携わってきた人々の職業スキルや考え方は、これからのまちづくりに役立つものだと僕は思っている。

マスメディア、商業出版の市場が衰退しつつある今だからこそ、「情報を届ける媒体」というメディアの概念を一旦外して、地域課題を解決したり、異なるコミュニティをつなげるツールとして「どんなメディアのかたちがふさわしいか」を改めて考え直してもいいはずだ。

> 品物をつくるには何より材料に拠らねばならぬ。品物の異るにつれて、異る材料が呼ばれてくる。だがむしろ材料が品物を呼ぶといった方がいい位である。
>
> ――柳宗悦『工藝文化』より

いわば、クオリティの高い「コンテンツ」とローカルならではのメディアの「かたち」を組み合わせ、地元産の水、酵母、小麦を使って可能な限りおいしいパン屋をつくるのが本書で伝えられるローカルメディアづくりのメソッドである。地域によって採れる材料も、風土も異なる。パン屋を繁盛させるためには、その土地にある材料（人材、地域資源）を使いこなし、風土（流通の経路）を利用して新しい事業モデルを開発しなければならない。山奥で生まれたメディアづくりのメソッドは、離島では役に立たないだろう。各地の実践者の言葉から、自分の土地にあったものを選びとってもらえたら幸いである。

⑥ ローカルメディアをつくるポイント③無理のない予算計画で自走する

肝心のマネタイズについてはどうか。行政予算に頼らず、メディアづくりを地方で、単体でビジネスとして成功させることは難しい。東京でさえ出版業界は厳しいのに、あえて地方でメディアビジネスに参入するために考えるべきこと。それは、複数の収入源を絶えず確保しておくことに尽きる。

紙とウェブごとに、基本的なマネタイズの方法を挙げると左の表のようになる。その他、メディアがきっかけで依頼されたイベント、ワークショップ、パンフレットやガイドブックの受注制作が、メディア運営者の大事な収入源になってくる。

では、ローカルメディアの事業母体にはどのような種類があるのだろうか。行政、ＮＰＯ、任意団体、個人……実は今、これらのなかで、地方の民間企業が重要なプレイヤーになっている。資金力と従業員を

媒体ごとの一般的なマネタイズ手段

紙媒体	書店流通モデル（書籍、雑誌）	ISBN コードおよび書籍 JAN コードを取得し書店流通させる（取次会社を通す場合、マージンを支払う。直接取引の場合は書店営業が必要）
	広告モデル（雑誌、フリーペーパー）	地元企業などから広告費をもらい、広告を掲載（広告営業が必要）。書店売上と広告売上をセットで考える場合もある
	事業者負担（フリーペーパー）	自治体や企業などが制作費（編集、デザイン、ライティング、撮影費など）を全額負担する
ウェブ媒体	広告モデル（ウェブマガジン、ブログ）	ウェブサイトの PV に応じて広告費が決まる（バナー広告、リスティング広告）
	会員制サイト（オンラインサロン、コミュニティメディア）	共通の趣味関心のある読者へ課金する（著名人であったり、有益な情報に特化することが条件になる）
	記事広告（ネイティブアド）	PR などと表記された、通常の記事体広告（ライティングのスキル、ウェブサービスの拡散力に頼るモデル）
	記事販売（ウェブマガジン、ニュースサイト）	Yahoo! などのより大きなメディアに記事を販売する

自治体…フリーペーパー、キャンペーンサイト

地元企業…企業 PR 誌、オウンド（ウェブ）メディア

NPO、任意団体…雑誌、単行本、フリーペーパー

個人…雑誌、一人出版、フリーペーパー

ローカルメディアの事業母体とメディアの種類

雇える体力が、単体では収益の見込みづらいローカルメディアの実験的な取り組みを後押ししている。『ローカルメディアのつくりかた』で取り上げた例で言えば、滋賀県近江八幡市に根ざす菓子舗「たねや」が発行する『ラ コリーナ』、香川県小豆島町に根ざすオリーブ会社「ヘルシーランド」が発行する『せとうち暮らし（現：「せとうちスタイル」）』がまさにそうだ。

①地元企業がつくるローカルメディア

メディアづくりは企業にとってメインの事業ではないため直接利益を生まない。だが、めぐりめぐって企業イメージの向上に貢献することもあるだろう。「たねや」が米づくりやアンテナショップなど、同じく主となる事業に直接結びつかない事業を行うのと同じように『ラコリーナ』を発行し、「ヘルシーランド」がギャラリーやカフェを経営するのと同じように『せとうちスタイル』を発行する。地元貢献活動の一環としてメディアを位置づけ、あえて遠回りして主たる事業とのシナジーをもたらす。これが企業によるローカルメディア活用の一例だ。

一方で、首都圏の出版・メディア企業に近しい企業・団体は地方にも多数存在する。昔に比べて印刷物の受注件数が減りつつあり、会社として生き残りを賭けている地方の印刷会社はさながら広告代理店のような企業に変貌しつつある。印刷会社の価値とは、印刷することではなく、情報を届けることにあると気付き始めているからだ。地域に長年根ざして商店のポスターや新聞、官公庁の印刷物を請け負ってきた彼らは、当然ＤＴＰ（簡単な校正）や広告制作のスキルを持っている。地元の有力者とのパイプもある。それらを活かせば、印刷物と紐づいたイベントや観光キャンペーンをクライアントに提案することも可能だ。元手がなければ、クラウドファンディングで未来の読者から集めてしまう手もある。

また、古くから地元にある既存のローカルメディア（新聞社、テレビ局）や地元の中小企業と深いコネクションをもつ金融機関・信用金庫などの団体が、新しいタイプのメディアづくりの主体となるパターンも増えている。石川県北部の能登半島の中央に位置する七尾市に根ざす「のと共栄信用金庫」が発行していたフリーペーパー『にんじん』（二一一頁参照）や、中心市街地の衰退に歯止めをかけるため、記者自ら空きビルをリノベーションし、まちづくりに奔走する「福井新聞まちづくり企画班」などがその好例だ。

地域に根ざした企業には、それぞれ得意分野がある。地元でのシェアを誇り、一〇〇年続く老舗メディアの記者ならば、その企業の名前の信頼性、記者の人脈、記事作成のノウハウなどは活かせる。一つ目のポイントで伝えたとおり、地方にはこうしたところに、メディアづくりの人材が眠っている。安定した資金、地場をもつ企業がローカルメディアづくりの重要なプレイヤーになるのはこうした理由からだ。

しかし、それにしたってメディアをつくるにはお金がかかる。これは地方に限らず、都市部の出版・メディア企業すべてに言えることだが、これからの時代、出版・メディア単体で生き残っていくことは難しい。だからこそ、専業ではない出版・メディアのかたちを編み出す必要がある。

②個人がつくるローカルメディア

また、各地で活躍している編集者やメディアに携わるクリエイティブ職の人材は、これまでの時代の職業編集者とは違う働き方を余儀なくされている。単にデザインやライティングのスキルを磨くことだけではなく、行政からの入札案件が出る前にアプローチし、デザインコンセプトが最初からしっかりと統一されたスキームでプレゼンテーションを行なったり、チーム編成の仕組み自体を逆提案するスキルを磨く必要があるのだ。

フリーランスや企画会社として、企業や行政の間に立ってメディアづくりに関わるクリエイティブ職の従事者の多くは、資金のあてを常に開拓し、発想し、クライアントに提案し続けなければならない。デザイナーは、単に印刷物やパッケージをデザインするだけではなく、建築家や写真家などと協働し、プロジェクト自体を「デザイン」する。ライターは、記事の見出しやSNS映えするタイトルづくりのノウハウを活かし、プレゼンのストーリーを描く。編集者は、豊富な人脈やリサーチスキルを活かし、理想的なチームづくり、ワークショップのマニュアルをパッケージにして自治体や企業に提案する。こうしたやり方は、元々メディアのスキルを持たない人にとっても有効だ。

秋田で四〇年以上、一人出版社を続けてきた無明舎出版のあんばいこうさんはかつて著書のなかでこう語っていた。

「『出版』や『編集』という仕事をできるだけ広く解釈し、地域社会におこるさまざまな出来事と紙の上だけではない関わりをもちつづけるという道もあるのではないか。〈中略〉ぼくたちには十五年間、コツコツと積み重ねてきた膨大な資料や著者たちとの人脈がある。これらの豊富なストックを地域社会にフィードバックして、町を耕し（編集し）、文化をプロデュース（出版）する事業に関わっていく。〈中略〉このへんにこれからの地方出版の新しい生き方が模索できないだろうか」（『力いっぱい地方出版』晶文社）

取次会社、地方・小出版流通センターの登場によって、一九七〇年代に地方出版の一大ブームが起きた。いわばその代表格の一人があんばいさんだ。二〇一〇年代の今、一人出版が再度ブームとなり、地方で新たに出版社を立ち上げたり、編集の仕事をする人が増えてきている。その際、出版単体で利益を上げるのは難しいので、本業と連動し、シナジーを起こす業態を模索したり、地元企業のPRや行政の印刷物を請け負う人も多い。先に取り上げた真鶴出版などがまさにそうだ。二五年前に書かれた本だけれども、ここであんばいさんが言うことの重要性は今も変わらないと思う。

③行政がローカルメディアをつくる場合

一方、行政の場合はどうだろうか。基本的に単年度から二、三年で事業評価を求められる行政発のメディアは、目に見えないストーリーやエピソードよりも、短期的な効果を求めがちだ。これは構造的な問題でもある。これらの事業を受託する広告代理店も、あらかじめ決められたプロジェクト期間のなかで、いかに手離れがよく、また自社のプロモーションに活用できる事例を積み上げるかという視点で仕事をしがちだ。だから、よくても一過性のブームになって終わることが多い。行政は判型や部数、配布先をガチガチに決めた状態で入札案件を出す前に、もっと遠い未来に「地域にどんなストーリー／ナラティブ」を生み出したかを評価する視点をもったほうがいいだろう。では、わかりやすい数値目標ではなく、地域で生まれる息の長い物語を生み出し、それを成果として評価するためにはどうすればいいのだろうか。

まず始めに、地元のさまざまなステークホルダーを巻き込んだワークショップを開催していろいろな人の意見を集約する。外部からプロを招き、よそ者の視点と地元の視点が掛け合わされることで、東京の編集部ではたどり着かない、きめ細やかなリサーチが可能になり、かつ地元の人では思いつかない切り口の立ったメディアを生み出すこ

「ローカルカード」の例。地域のお祭り、山や川、神社仏閣、おじさん、おばさん、子どもなどのキーワードが並ぶ。「メディアカード」には同様にフリーペーパー、ウェブマガジン、スマホアプリ、地図、スタンプラリー、伝言ゲーム、小説などのキーワードが並ぶ

とも可能だ。そしてワークショップによって生まれたコミュニティ、人材のスキル、地域への新しい視点が地元に残っていく。

行政予算はむしろ、メディアなどの制作物それ自体ではなく人材育成やコミュニティづくりのワークショップに費やしたほうがリターンが大きい。人材づくりのワークショップは、素人がスキルを身につけるだけの場所ではなく、「今まで見えていなかった人材」を掘り起こす場所でもある。なにより、異なるバックグラウンドをもつ人々が知り合い、そこから新しいプロジェクトが生まれる可能性もある。Uターン、Iターン組は「よそ者」の視点も提供してくれる。人材育成はチームビルディングとイコールでもあるのだ。

僕も『ローカルメディアのつくりかた』を出版して以来、全国各地でメディアづくりワークショップに呼ばれるようになったが、必ず行うのがカードを使ったワークショップだ。

地域ごとに、抱えている課題や、地域資源は異なる。そんな多様な資源・課題をリストアップし、一旦「ローカルカード」に落とし込む。一方で、地域課題を解決するためにふさわしい「メディア」のかたちもカード化する。あとは、神経衰弱のように組み合わせてとりあえず発表するだけ。これが意外に面白い。

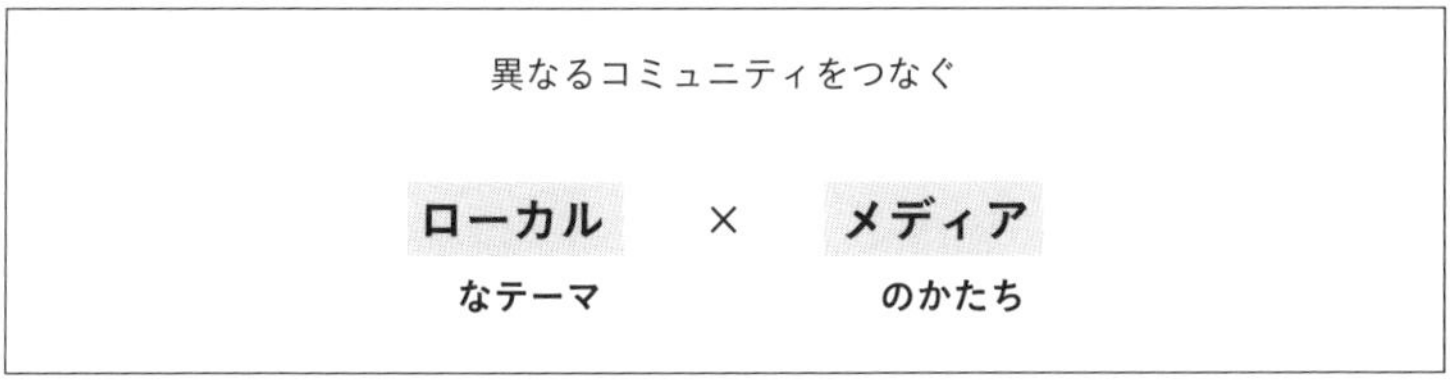

ローカルメディアの役割は異なるコミュニティをつなぐこと

目的は「異なるコミュニティをつなぐ」ローカルメディアを発明すること。異なるコミュニティというのは、地域に住んでいる時点で強制的に顔を合わせざるを得ないさまざまな世代・人種・階層の人、そして地域外の「よそ者」たち……のことだ。地域には、商店会や青年会議所などの古くからあるコミュニティが権力を握り、新しい世代や移住者を受け付けないということがよくある。一方で、排他的であるがゆえに学生や外国人コミュニティなど、地域人口の多くを占めるコミュニティにアプローチができないという課題を抱えている。

例えば高齢化が問題の団地なら、独居老人と若者が軒先で会話をするための「団地内宝探しゲーム」のようなメディアをつくってもいいかもしれない。それも、オールドメディアである「回覧板」を利用する。普段利用している電車やバスなどの乗り物をメディアと見立ててもいいかもしれない。こういうことを、地域内外のあらゆる立場にいる人たちで車座になって考えると、面白いアイデアがどんどん出てくる。あとは実行部隊とお金を集めて、つくるだけだ。

ワークショップでは、いつもローカルメディアに必要な視点を四つのポイントで考えるよう伝えている。一つは、紙やウェブにとらわれないメディアのかたちを発想する「斬新性」、もう一つは、その地域でしかつくれない、その地

発想の **斬新性**	地域における **必然性**
運営の **継続性**	資金の **調達方法**

地元ワークショップでの４つのポイント

域に「必然性」のあるメディアかどうか。また、求められるメディアには責任もともなう。一年や二年でなくなるのではなく、長い間発行し続ける「継続性」も大事だ。そのためにも、制作予算が外部に握られていてはダメだ。メディアの規模にしたがって、自分たちで稼ぐ。資金の「調達方法」も考え抜かれている必要がある。

⑦ 他者とともにメディアをつくる意義

地域の一番の課題とはなんだろうか。シャッター商店街？　高齢化？　確かにそれは大きな問題だと思う。でも一番の問題は、地元の人たちが、自分が暮らす土地に誇りを持てないことなのではないだろうか？

お年寄りしかいない地域でも、経済的に厳しい地域でも、そこに暮らす人々の幸福度が高ければ問題ない。「高齢化が甚だしい」「シャッターが目だつ」と騒ぎ立てるのはマスメディアだ。大事なのは、外から押し付けられるイメージを跳ね返し、自分たちの地域の価値を自分たちで決めるための場所＝メディアを持つことではないだろうか。

二〇二〇年のオリンピックに向けて、東京都内でも木造密集エリアの再開発が進んでいる。しかし、木造家屋のどこが問題なのだろうか。確かに、火事が起きて一度延焼すれば危険かもしれない。けれど、夕ワーマンションにはないご近所同士のゆるやかなコミュニティや文化がその地域には残っていて、それは一方的になくすべきものではない。こういうことを、はっきりと胸を張って、しかもそれなりの説得力を持って発信するためには、メディアが必要だ。

同じ世代、関心の合う人たちでつくるのではなく、価値観も共通言語も持たない他者とともに、メディアづくりを行う意義はここにある。地域で暮らすお年寄りも、その長い人生のなかでいろんな経験を積んできた。ふと、若者のアイデアに口を出したくなる。そんなお年寄りの言葉を一旦、最後まで聞いてみると、そこに新しいヒントが隠されているかもしれない。そうやって、異なるコミュニティが集い、共通の乗り物＝メディアを通して、そこに暮らすことの誇りをとり戻せるといい。

斜陽化する出版・メディア産業から解き放たれた「ローカルメディア」という新しいフィールドに正解はない。本書を手に取った方はぜひ、この群雄割拠の世界で、その地域ならではの方法で、絶えず複数の収入源を確保し、多様な人材とコラボレーションし、ユニークで持続可能なローカルメディアを生み出していってもらいたい。

そのためにも、各地でメディアづくりを行う実践者の言葉に耳をかたむけてほしい。彼らの方法は、その地域ならではの条件（風土、人口、課題）によって、独自に編み出されたものだからだ。

2章

ローカルメディアの編集術

幅允孝
影山裕樹
多田智美
原田祐馬
原田一博
成田希
小松理虔
山崎亮

1　プロデュース術
――最後まで緻密に関わる

幅允孝／ブックディレクター

① おせっかいの条件

プロデュースとはさまざまな方法でプロジェクトのクオリティを高める仕事だと思うが、要するに「おせっかい」のことだ。僕は「人の家のお風呂の汚れを指摘する係」だと考えている。自分の家の風呂だと気付かないが、人の家の風呂だと思いのほか「汚くない？」と粗が目立ったりする。毎日見ている人は気付かないけれど、初見だからこそ気付くし、指摘してあげられる。ある意味、僕が普段行なっている仕事はそういう仕事だと思う。

僕はブックディレクターとして本にまつわるあらゆることを扱っている。ライブラリーをつくったり、本をつくって流通させたり、本屋以外でも本のあるさまざまな空間のために本を選書したり。

二〇一三年からは、兵庫県豊岡市の城崎温泉で旅館の若旦那たちが出資して立ち上がった出版NPO法人「本と温泉」にも関わった。ここで手掛けたのが、温泉の湯につかりながら読める防水加工を施した、タオル地カバーの本、『城崎裁判』(著者：万城目学、税込定価一七〇〇円)。ご当地限定で販売したこの「地産地読」本は、初版の一〇〇〇部は数週間で売り切れ、現在は累計で一万部を超えている。

兵庫県豊岡市、城崎温泉の街並み

①最初から最後までを緻密に——本が買われる瞬間まで安心しない

そもそも、僕が本を届ける仕事に就いているのは、スタート地点に本と人との「ディスコミュニケーション」という問題意識があったからだ。もっと端的に言うと「届いてないな〜」という実感だ。青山ブックセンターという書店に勤務していた頃は、毎日いろんな本が届き、僕は売りたい本を平台に並べる。時間や天気によって「こっちかな、こっちかな」と場所を変えて。立ち読みしてもらっているだけでも嬉しかった。

今でも年間七万六〇〇〇タイトルも本が出ているわけだが、七万六〇〇〇分の一にあたる本に目を止め、立ち読みしてもらえるだけでも嬉しいのに、さらにそれを買おうと決意し、レジまで持っていき、レジ待ちしている間にやっぱり重いからやめようと、その辺に戻されることもなく、お金を落としてもらう。そういう奇跡が幾重にも重ならないと本は売れないと実感したのが、実は自分のスタート地点。アマゾンなどのネット書店が現れ、リアル書店では本が売れない時代に突入してからは、その奇跡はますます貴重なものになっている。

だから、手に取って一文字読まれた瞬間に、人の琴線に触れる差し出し方がしたい。読み方は一〇〇人いたら一〇〇通りあるとはいえ、読者となるかもしれない誰かのことを慮り、想像しながら、最後まで脇をしめて仕事をする。

だから、この「おせっかい」は、最初のワンアイデアだけではだめで、内容はもちろん、製本、本の置かれる場所、渡され方など最初から最後までを緻密に考える。編集者が校了すれば仕事が終わっていた時代とは異なり、現在はどこに並んで、何の隣に置かれて、どんなサインやPOPが傍らに添えられて、どういう人がそれを手にとるのか、あるいは手に取らないのか、その結果売上はどうなるのか、そこまで凝視しなければいけない時代であることは間違いない。「プロセスを見ないといけない」というよりも、買われる瞬間まで安心しない、ということだ。もっと言うなら読後も気持ちよくなってもらえたらベストである。

「本と温泉」をきっかけに町のさまざまな相談が来るようになったが、提案したことすべてを実現できるかというと、むしろできないことが多い。僕は言っておしまいではなく、プレイヤーでいる方が楽しいし責任も取れるから相談の窓口を狭めて、フィニッシュまでよき方向に持っていける立ち位置にこだわりたい。

②仕事にする前に、手前ごとにできるか

もう一つ、地域に関わるうえで気をつけているのは、目の前の課題解決を「仕事」ではなくまず「手前ごと」にすること。自分のなかでなんとかしなければという気持ちでやれていることが健やかな状態だ。城崎温泉の「本と温泉」のメンバーは、もう仕事相手ではなく友だち。これだけ深く知り合っちゃうと捨て置けないな、という気持ちで仕事をしている。

こうすると人が動く、能率がよいなどという組織論ではなく、そこにいるプレイヤーたちがどう走ったらゴールに向かえるのかを感じるには、自分もフィールドに立っていないとダメだと思う。城崎の友人たちが、どうすれば日々楽しいと思えるか、そこに住んでいることを誉れに思えるか、全部手前ごととして、僕も自発的に巻き込まれる。親類の騒ぎに巻き込まれているような感覚だ。

② おせっかいの始まり——「本と温泉」城崎の場合

①裸の付き合い

そもそも城崎で、僕と若旦那衆を引き合わせてくれた田口幹也さんは、当時まさに「おせっかい」と書いた名刺を携えていた（現在は城崎国際アートセンター館長）。僕も、最初から城崎温泉で本をつくることを依頼されて現地を訪れたわけでもない。

当時、田口さんは震災を機に東京から地元へ戻られたばかりで、高等遊民的に地元行政や町の人におせっかいを焼いていた。そこで旅館経営研究会（通称二世会）のメンバーで志賀直哉来湯一〇〇周年にちなんだ何かをやろうとしている若旦那衆に会う。中心人物は志賀直哉が昔泊まった三木屋の若旦那、片岡大介さん。そこで「あなたは三木屋か。俺は田口幹也（みきや）だ。仲間じゃないか」と。そんな冗談のような付き合いからプロジェクトは始まったと聞く。そこで田口さんの友達として紹介されたのが僕だった。

実際に行ってみると、片岡さんを中心とする若旦那衆も面白いし何かやれそうだと思ったが、町を冷静に見渡すと過去の自慢ばかり。確かに、志賀直哉が『城の崎にて』を一九一七年に書いて以降、里見弴、武者小路実篤、与謝野晶子・鉄幹と、当時の近代文学の名だたる文豪が訪れている。

駅を降りると、観光ポスターには『歴史と出湯と文学の街』と書いてあるし、町を歩けば記念碑はあるが、どれも現在進行系じゃない。人口三五〇〇人の町に年間八〇万人（その後、二〇一五年現在で九二万人に増えた）の観光客が来て、観光地としては上手く行きつつあるものの、文化を復興させるなら、過去にすがるのではなく現代にアップデートしなければいけない、という話を最初は田口さんと片岡さんにした。

その時、小さな町ならではだろうか、豊岡市長の中貝宗治さんにお会いし、食事をしながら自分の仕事の話を自己紹介的にさせてもらっていると、「じゃあ二次会の前に風呂行きましょうか」と誘われ、大浴場にみんなで行って、いきなり裸の付き合いが始まった。これはすごい町だな、と直感した。そのインパクトがすごくて、自分の職能をここで上手く使ってもらいたいと感じた。これが、僕と城崎温泉との関わりの始まりだ。

②町の課題

課題は最初に城崎に泊まらせて頂いたときに見えてきた。一日目は城崎に着いて外湯に入り、蟹を食べ、射的をしてと、楽しく過ごせるが、二日目の過ごし方が今の町には足りない。

　二日目にチェックアウトした後により楽しめる、より和む、より佇める場所をどうつくるかが、最初の本をつくる時から最もよく考えていることだ。チェックアウトが一一時だとしたら、夕方一八時の飛行機までの七時間を、どうすれば城崎から出て行かずに面白がってもらえるのか。せっかく来たら長く滞在してもらって、お金が落ちる機会も増やしたいし、運輸の限界もあるので客単価も上げていかなければならない。

❸ 考える順番——町の文化をアップデートする

①本づくりはあくまでも手段——町と文学の関係を見直す

　最初の訪問時から、ご当地限定販売の本、というアイデアが出てきたわけではない。本や雑誌をつくるにしても、ある地域が唐突にリトルプレスをつくっただけでは埋もれてしまうと確信していた。城崎は関西圏では温泉地として有名だしアクセスもしやすいが、東京からだと飛行機を二度も乗り継がなければならないし、プロペラ機なので、一度に乗れる人数にも限界がある。

　そこで、交通の便を逆手にとることを考えた。志賀直哉をはじめ昔の小説家がそうしていたように、現代の小説家を旅館に招き滞在してもらい、そこで作品を書いてもらい、でき上がったものをここだけで売ったら、わざわざ来る甲斐もある。

そこで、旅館に空いている部屋を提供してもらい、作家に何日か泊まって書いてもらえないかと打診する。現代の小説家からすれば、今や出版社に「缶詰めにされて書く」なんてことはほとんどない。普段と違った環境で執筆できることを面白がってもらえるはずだ、と。

②書き手は誰か

では誰に書いてもらうか。知名度もあり関西の地場を描ける人がよいと思った。そこで出会ったのが万城目学さん。万城目さんは二〇〇六年に『鴨川ホルモー』でデビューされた時に京都を書き、『鹿男あをによし』で奈良を書き、『プリンセス・トヨトミ』で大阪、『偉大なる、しゅららぼん』で滋賀を書いている。生まれも関西で、その土地の人間や歴史を書きながら、誰もが楽しめるエンターテイメントにも落とし込める素晴らしい書き手だ。実はファンの間では「兵庫問題」があって、京都、大阪、奈良、滋賀を書いて「なぜ兵庫を書かないんですか?」と言われていたから、その問題に終止符を打ってくれませんかと切り出してみた。

何か月も篭って書くと家族に怒られそうなので、まずは二泊三日くらいで一度行ってみましょうか、と言って引き受けてくれた。滞在すると、場所も気に入ったし、蟹も美味しかったと。をり鶴というお寿司屋さんで、のどぐろのお寿司を食べて、「これは何かやらざるを得ない」という気になって頂いたようだ。

こうして、小説家も巻き込まれてくれることになった。

③予算問題とNPO立ち上げ

その時、行政のプロジェクトとして予算をつける／つけないという話も出た。予算が出るのはありがたいが、そうすると年度末までに本をつくり上げなければならない。人気作家をつかまえて、ただでさえ安いギャラで引き受けていただいているのに、そのうえ締切まで押し付けるのは無理な話だ。そこで、旅館組合の二世会で一口五万円から資金を募り「本と温泉」というNPOをつくることになった。旅館錦水の大将伸介さんを理事長に町の人が主体となった本の組織ができ上がったのである（行政からも一部、補助があった）。

④行政との役割分担

一方で、豊岡市役所大交流課というフレキシブルな管轄で動ける部署に万城目さんの交通費補助や案内役、パブリシティなどで大いに協力していただいていた。要は領分なのだ。行政が一〇〇％予算をつけてしまうと、プロジェクトそのものが「やらされている」ものになってしまう。けれど、プロジェクトが若旦那衆の自分ごとであって、主体が町の住人自身であるためには、豊岡市はそれを後ろからサポートする立場にいてもらったのがよかった。

⑤クオリティとは何か

当時、田口さんから呼ばれたのは僕だけではなく、彼の人脈で複数の「ものづくりをする人」が城崎に招待されていた。元ユトレヒトの江口宏志さん、アートディレクターの尾原史和さんたちは志賀直哉『城の崎にて』の注釈本『注釈・城の崎にて』を、僕とアートディレクターの長嶋りかこさんは万城目さんの『城崎裁判』をつくった。もちろん、制作者として関わるだけじゃなくて現地に来て温泉に入って、地元のメンバーと仲間になる。そういう、質の高いものづくりができる人たちが地域に巻き込まれることも大切だと思う。また、単にデザインがよいだけではだめ。防水加工の本にするならば、ちゃんと防水の本だとわかる売り方なのか、開けると本だとわかる展示なのか、ＰＯＰやサインも読み

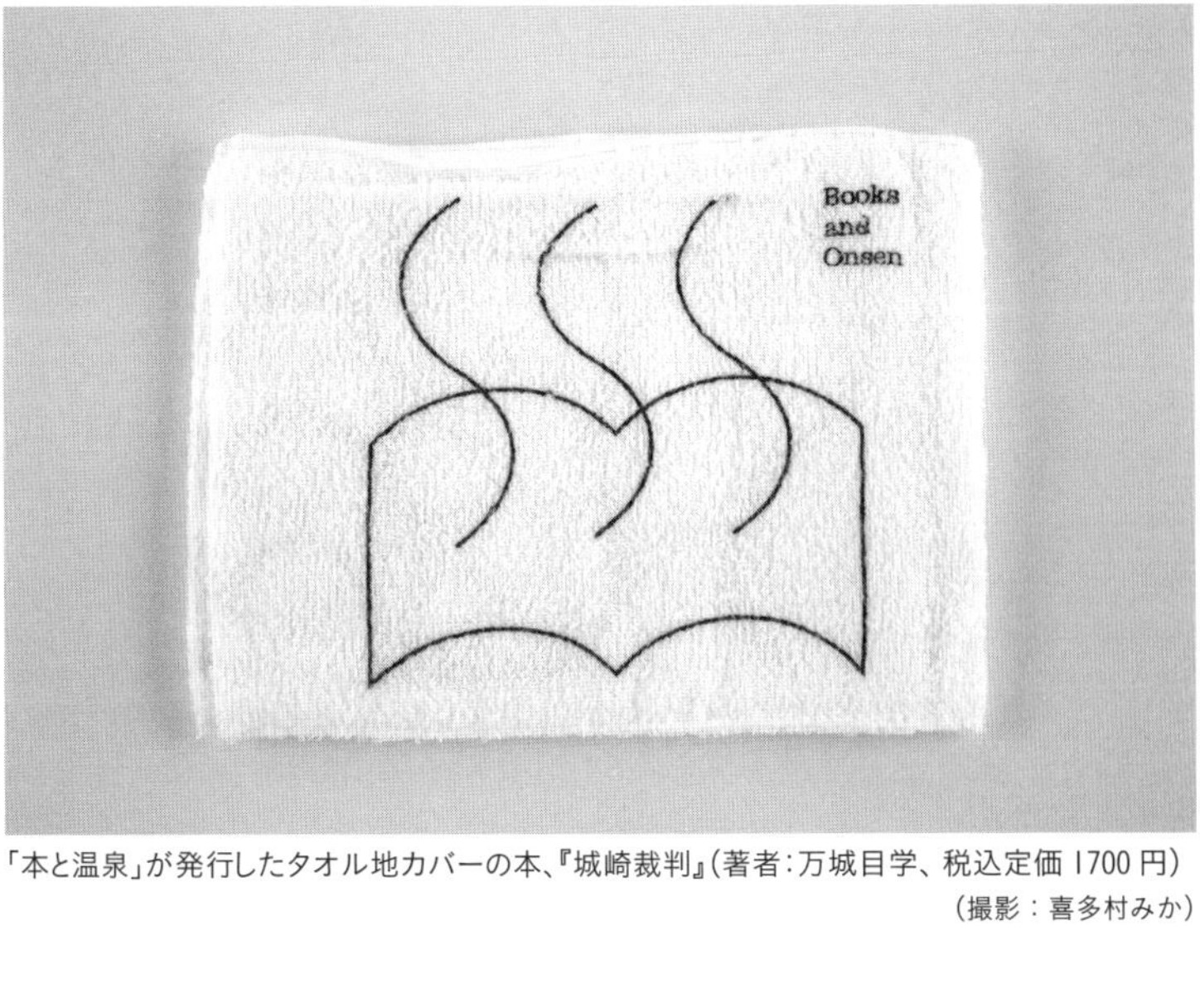

「本と温泉」が発行したタオル地カバーの本、『城崎裁判』（著者：万城目学、税込定価 1700 円）
（撮影：喜多村みか）

やすくわかりやすいか、そこを一番気にしてきた。

タオル地カバーのついた本とはいえ、中が見えないと雑巾だと思われてしまいそうだから開けて見せた。本をつくった後も、ＰＯＰの文字が小さくて見えないと高齢の方からの声が多かったのでつくり直した。発信しながらつくり直すことを繰り返している。

クオリティという意味でもう一つ、大事なことは「ツッコミどころをつくること」。デザイン的に美しいだけで終わらず、「おいおい蟹かよ」とか、「おいおいタオルなの！」「風呂で読めるの〜！」とつっこめる余白をつくる。そもそも、僕自身が自発的に愉しいと思ってやっている仕事なので、面白いアイディアが浮かんでくる。湊かなえさん書下ろしの『城崎へかえる』（こちらは蟹の殻を思わせる特殊テクスチャー加工を施した）は蟹の笊の上に置いてあったほうが「ウケるはず！　やろやろ！」という感じで、二秒で思いついたアイデアだ。

④　手応えとは何か

①手応えを残す

本づくり自体は、もちろんプロのチームでするわけだが、大事なのは住民（旦那衆）がその本づくりに出資し、関わり、しかもそれが「売れた」という結果を残すことだった。その手応えを、具体的な収入として残すことだ。万城目さんの本は外湯七つと旅館とお土産屋さんだけで、一万部を超えた。第三弾、湊かなえさんの本はできて一年ほどだが九〇〇〇部。江口さん、尾原さんのチームがつくった、『注釈・城の崎にて』も五〇〇〇部を超えて増刷した。

定価はタオル地加工の『城崎裁判』一七〇〇円、本庄浩剛デザインの『城崎へかえる』が一二〇〇円、『注釈・城崎にて』が一〇〇〇円（いずれも税込）。装丁にこだわっているため原価は普通の本より高いが、ディストリビュータも入れず、倉庫も借りずに某旅館の三階に置いてあるから流通経費や倉庫代がかからない。商品が切れたら自転車で取りにいける範囲だ。

原価を落とす工夫もしている。『城崎裁判』はタオル地と防水の本文用紙・ストーンペーパーを分けて納品して、特製の下敷きを使って手作業で入れる。そうすると粗利がかなり増える。しかも直販であれだけ売れれば利益もきちんと上がる。

正直、ただかっこいいものをつくるだけなら、よいアートディレクターと編集者がいれば難しくない。しかしそれが売れること、しかもただ売れるだけではなく、売れてちゃんと粗利が残るものをつくることが最も重要だと思う。

②一つのプロジェクトから、町全体にとって必要なことへ

「本と温泉」から派生して、文学というネタをさらに町全体にとって必要なものへ、どう広げられるか。

先述した「二日目」の充実した時間を提供できるかを考え続けている。

例えば「城崎文芸館」は二〇年前につくられて以来、常設展示がほとんど変わっていない建物だ。「歴史と出湯と文学の街」とポスターに大きく書いてあり、「本と温泉」が盛り上がっているのだから、この文芸館ももっと充実させようと提案した。万城目さんや湊さんの企画展を開催したところ、町の人も見に来てくれた。まず町の人が見て面白いと思ってくれないと、観光客への口コミも広がらない。

こうして、月に一、二回は必ず城崎に通い、文学に限らずエコハウスをどうする、旧御所の湯の跡地をどうする、有形無形問わずさまざまな相談を受けている。

③金銭の交換ではなく、職能の交換

こうなると、仕事の域を超えて、職能の交換になってくる。僕らは職能をパスする。一方で城崎の町は東京では絶対味わえない環境や時間の過ごし方、シチュエーション、美味しいごはんとお酒を与えてくれる。お金の交換が今までの世のなかの大きな契約事だとしたら、地域で仕事をするということは、お金よりも職能と環境の交換という感じの方が現実に合っている。万城目学さんや湊かなえさんのような、第一線で成功している書き手が、面白がって巻き込まれてくれるような、そんな時代になってきた。

ちなみに、湊さんに依頼したきっかけは僕自身がつくったわけじゃなかった。作家同士の集まりで、湊さんから万城目さんに「読みましたよ、めちゃめちゃ面白かったです」と話しかけられたそうだ。「でも、万城目さんより私の方が絶対、城崎に行っているはずなんですけど、なんで私のところにはそういう話が来ないんですかね」と。実は湊さんは、毎年必ず年末にご家族で城崎を訪れていて、そこでタオルの変な本を見つけて（雑巾かと思われたらしいが）、読んでみたら面白かったというのだ。その話を万城目さんが僕に教えてくれた。それを信じて無理を承知でオファーしたところ、二つ返事で書きますと言われた時は感動した。

ちなみに一般流通書のように多売ができない分、逆に僕らが約束をしているのは、絶版をつくらないことだ。書き手に対して、一つ約束事として果たせるのはそこしかないと思う。世のなかに新しい本がどんどん出ていくなかで、城崎の町の物語を僕や「本と温泉」メンバーの目が黒いうちは絶版にはしない。全国で流通してい

湊かなえさんの書下ろし小説『城崎へかえる』（税込定価1200円）は蟹の殻を思わせる、特殊テクスチャー印刷が施されている

る万城目さんや湊さんの本に比べたら数は少ないが、五〇年、一〇〇年かけて売れば、ひょっとしたら追いつくかもしれない。それが、僕たちが書き手に示せる唯一の感謝だ。

5 目的を忘れない

売り上げという手応えは求めるが、本をたくさん売って儲けることが目的ではない。本当の目的は、城崎に来たいと思えるアトモスフィアをさまざまな場所でつくることだ。だから、ネット通販には手をださない。そうすることによって身の丈サイズで、制作から流通までコントロールできる状態を保っている。

全国津々浦々に流通させながら、すべての売り場を見てまわるのは巨大なブランドしかできないことだ。城崎の場合は、さとの湯という駅前の外湯にある売り場から、町の端の西村屋・ホテル招月庭のお土産屋さんまで、歩いても二〇分で済む。その範囲でまず丁寧に売る。毎日みんながしっかり見ている小さな場所単位だからこそ、丁寧な差し出し方ができている。

そして、結局範囲の大小に関わらず、「丁寧にやれば継承できるものだな」というのが正直な実感だ。『注釈・城の崎にて』を八七〇〇部（六刷）、『城崎裁判』を一万三七〇〇部（六刷）、『城の崎へかえる』を一万二〇〇〇部（四刷）と、直販で三万四四〇〇部、販売してきた「本と温泉」。たしかに原価はかかるこだわった造りをしているけれど、NPOを維持するには十分な利益がでる。

そして有難いことにこれらの本は本に興味のない人にも手に取ってもらえる。本からしばらく離れてしまった人にも手に取ってもらえるような機会をつくり出せている。こういう機会の創出は「本と温泉」に限らず、図書館や本屋をつくりながら僕がいつも思っていることだ。

「本と温泉」の本も、おまんじゅうのように、お土産ものとして買われていく。まずはそれでいいじゃないか。元来、本は「本でございます」という感じで、強固な流通の仕組みに守られ、アカデミックな空気をまといながら存在してきた。でも上から目線でいた時代は終わりに近づいている。おっちゃんたちが、「万城目学」の名前を「『まんじょうめ がく』ってのは誰だ?」「風呂で読めるの?」といって買っていく。

そんな出会い方でも、このタオル本がきっかけで万城目作品を好きになってくれたら、また別の彼の作品を買ってもらえるのではないか。その小さな可能性に本のマーケットの未来はかかっていると僕は思う。本が好きな人、本好きのコミュニティ以外の場所にいる人にもアクセスできて、ツッコミどころもあって面白がってもらえる。そんな新しい本と人との出会いをこれからもつくっていきたい。

2 編集術

――関係者に揉まれながら一番よい解決策をみつける

影山裕樹／編集者・千十一編集室代表

① 編集業の目的と醍醐味

編集の仕事は多岐にわたるが、最終的な目的は著者のメッセージを読者にとって最も適した形で届けることだ。そのために手元のリソースをいかに効果的にフル活用できるかが、編集の醍醐味だと思う。

仕事の中味やスパンは媒体によって異なるが、雑誌や書籍、ウェブやソーシャルネットワークサービスなど、どの分野にも編集的役割は必要とされる。そのなかで、企画からアウトプットに至るまでの期間が最も長いのが書籍の編集だろう。

月刊誌や週刊誌は最新号が出ると前号が書店からなくなってしまうのに対して、一冊の本は書店でより長く売り続けることをめざす。そのため、移り変わりやすい情報を追うよりも、より息の長いテーマを企画し、およそ一〜二年かけて著者の執筆作業に寄り添い、出版後もイベントや広報を継続的に行う。新刊本だけではなく既刊本が市場で継続的に動いている出版社は、経営を安定させることができる。いかに長く継続的に売れる定本を生み出せるかが書籍編集者の力の見せ所でもある。

このように、短期的な経済効果を狙った広告やイベントと違い、地域に根ざして出版やメディアを生業とし、地域の未来を考えた息の長いプロジェクトを手がける際には、書籍の編集のように長期的な時間軸でものを考える方法が相性がいいと思う。言ってみれば「著者」が「地域」に変わるようなもの。いっときの流行りや対症療法的なキャンペーンを打つのではなく、一つの地域と長い時間かけて向き合い、対話し、本質的な課題やテーマを掘り起こすやり方だ。

誰に届けたいか

どうすれば長い期間売れ続ける本がつくれるか？　は難しいポイントだが、一つは、ある限定された業界の読者を想定するだけでなく、隣接する他分野とも共通する普遍的な課題を俎上に上げているかどうかは重要な点だと思う。

近いようで遠い二つの業界を並べて、それぞれの分野ごとに課題や読者層を洗い出してみる。もしも両者に共通する課題を取り上げることができたり、うまく共通テーマが設定されれば単純に二つの業界から読者を獲得できる。

二〇一三年に刊行された『地域を変えるソフトパワー』(青幻舎)は、当時アサヒビールが行なっていたメセナ活動「アサヒ・アート・フェスティバル」の一〇周年を総括する本として企画された。これは各地で小さく活動を続けるアートNPOやアーティストグループの取り組みを紹介するもの。一口にアートプロジェクトといっても多様な取り組みがあり、かつ、全国各地で無数に行われているので全体像を知る手立てがない。そのため、美術館やギャラリーなどアーティストがこれまで主戦場としてきたフィールドの外にある現代アートの活動の多様性を紹介する目的があった。

しかし、それだけでは一部のアート関係者だけし

『地域を変えるソフトパワー』(青幻舎)

か手にとらないことはわかっていた。編集者として「一〇周年本企画チーム」に参画した僕は、これを他分野にも応用できるノウハウが詰まった本としてまとめる方向性を提案した。

アートプロジェクトのなかには瀬戸内国際芸術祭のように地域のブランド価値を向上させたり、担い手の高齢化で長い歴史に幕を閉じた伝統的な祭りをアーティストが再現することで、翌年から復活させてしまったり、シャッター商店街の空き店舗を市民に開いてコミュニティを創出したりする事例がある。これは、作品集を求める愛好家よりも、むしろまちづくりや都市計画の分野の人々に示唆を与えるのではないか、と考えた。

最適なかたちは何か

「アート」と「まちづくり」という二つの分野の読者にリーチさせるために、メインタイトルに「アート」の文字を入れないようにした。それから、いわゆる美術書にありがちな、作品図版を全面に出した記録集やカタログと違い、各地で生まれたエピソードやドラマを全面に出すことにした。

結果として、アートプロジェクトに関する本としてはそれなりに売れ続けてくれている。目論見とおり、美術書の棚ではなく建築やまちづくりの棚にも置かれることが多い。

編集者の仕事は、著者（発信したい人・クライアント）のメッセージをそのまま読者に届けるのではなく、最適なかたちに変換して届ける仕事だと思う。発信者は伝えたいことはたくさんあっても、伝える方法がうまいとは限らない。そのときに、どんな届け方なら目標とする読者に伝わり、かつそれ以外の新しい読者を開拓することにつながるか、その方法を編み出すことに日々腐心する。いわばメッセージが著者から読者へ伝わるまでの過程をデザインすること。編集者が発信者と同化してしまってはだめで、つねに批評的なスタンスをもって間に漂いつつ、両者の綱引きをする。それは「著者」「読者」のどちらかが「地域（コミュニティ）」に変わっても同じはずだ。

② 企画・編集・広報までの業務フロー

一般的に言って、メディアの仕事の時間軸は制作する前の準備段階から、制作期間、でき上がったものを世のなかに届ける流通・広報（販促）の流れで完結する。これはどのタイプのメディアに携わっても変わらないだろう。雑誌のような早いサイクルの編集にも、書籍のような長いサイクルの編集にも言える。

●編集とは、メッセージをとどける仕事

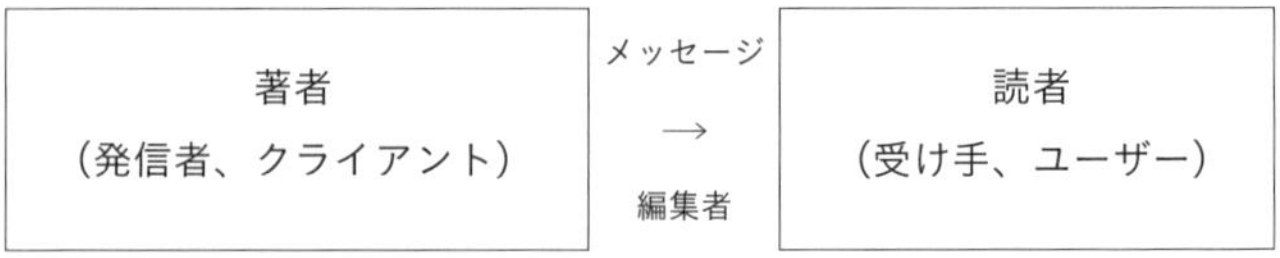

●2つ以上の読者層の掛け算をする

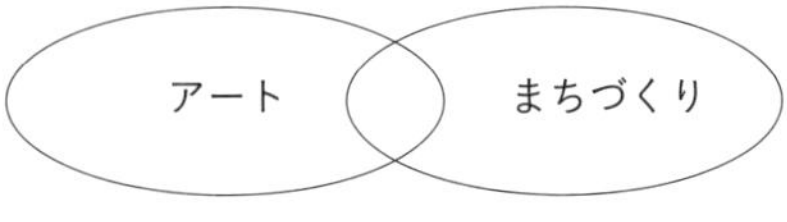

編集者の役割は著者のメッセージを最適なかたちで届けること

「企画」して、「編集」して、「広報」する。雑誌ならば企画を立て、ライターに原稿を依頼し、取材のアポイントを取り、カメラマンを連れて現場に行く。ライターから上がってきた原稿を編集し、画像やキャプション、見出しを加えて記事にする。その後、SNSなどで投稿しシェアやリツイートの反応を探る。

書籍ならば企画を立て、著者と打ち合わせをし、半年〜一年かけて原稿をつくっていく。原稿が上がってきたらそれを編集し、デザイナーと打ち合わせをして造本を決め、印刷所に入稿して出版する。でき上がったらリリースを各メディアに送り、関係者に見本を献本し、書店に営業して出版記念イベントを開催する。

当たり前だが、このすべてのプロセスを一から十まで一人の人間が携わることはそうそうない。しかし、小さな出版やメディアに携わる人は、この複数の業務を一人の頭のなかで完結させる必要がある。たった一人で企画し、執筆し、広告営業もして、でき上がったものの配達まで行う『みやぎシルバーネット』（一章参照）の千葉さんのような人がそうだ。

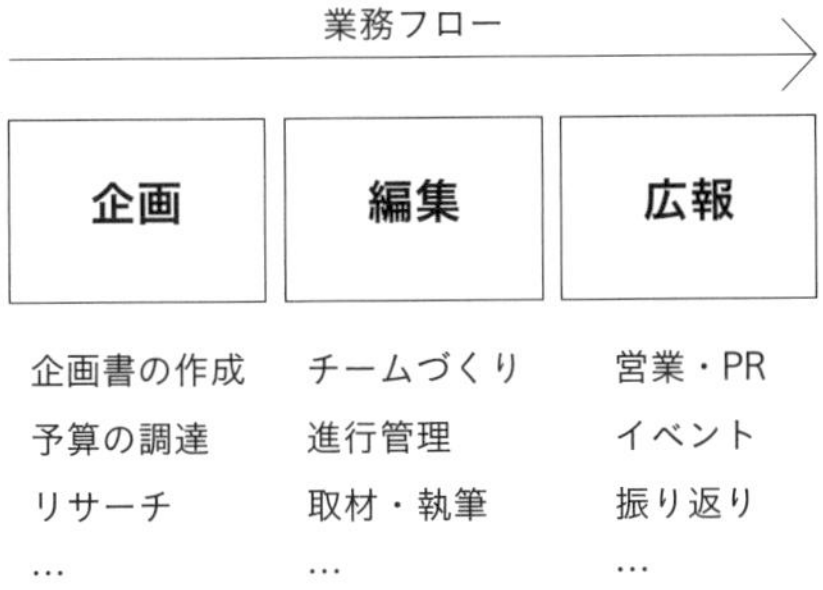

編集の仕事の業務フロー

リソースをフル活用する

実はローカルメディアづくりにおいて重要なのは、この「すべてのプロセスを一人で見る」ということ。何百人も社員を抱える大手出版社の編集者は、上記の三つのプロセスのうち、まんなかの「編集」に専念しがちになる。頭のなかに複数の人格を飼って、互いの意見を戦わせる機会があまりない。ローカルメディアを始めたい人はまず、地方には人材も金もない……と悲しむ前に、「すべてのプロセスを一人でやれる」ことの自由を謳歌してほしい。

地域には専業の出版社が少ないため、どんな本をつくるか、雑誌をつくるか、どうやって収益を上げるか、どこに配布するか……といった枠組みを一からつくらないといけない。地方で出版やメディアを立ち上げるうえで一番必要なのは、こうした枠組み自体をつくるプロデューサー的存在なのかもしれない。「本と温泉」の仕掛け人・幅允孝さんのような存在だ。

また、地方でメディアを立ち上げる場合、めざすべきクオリ

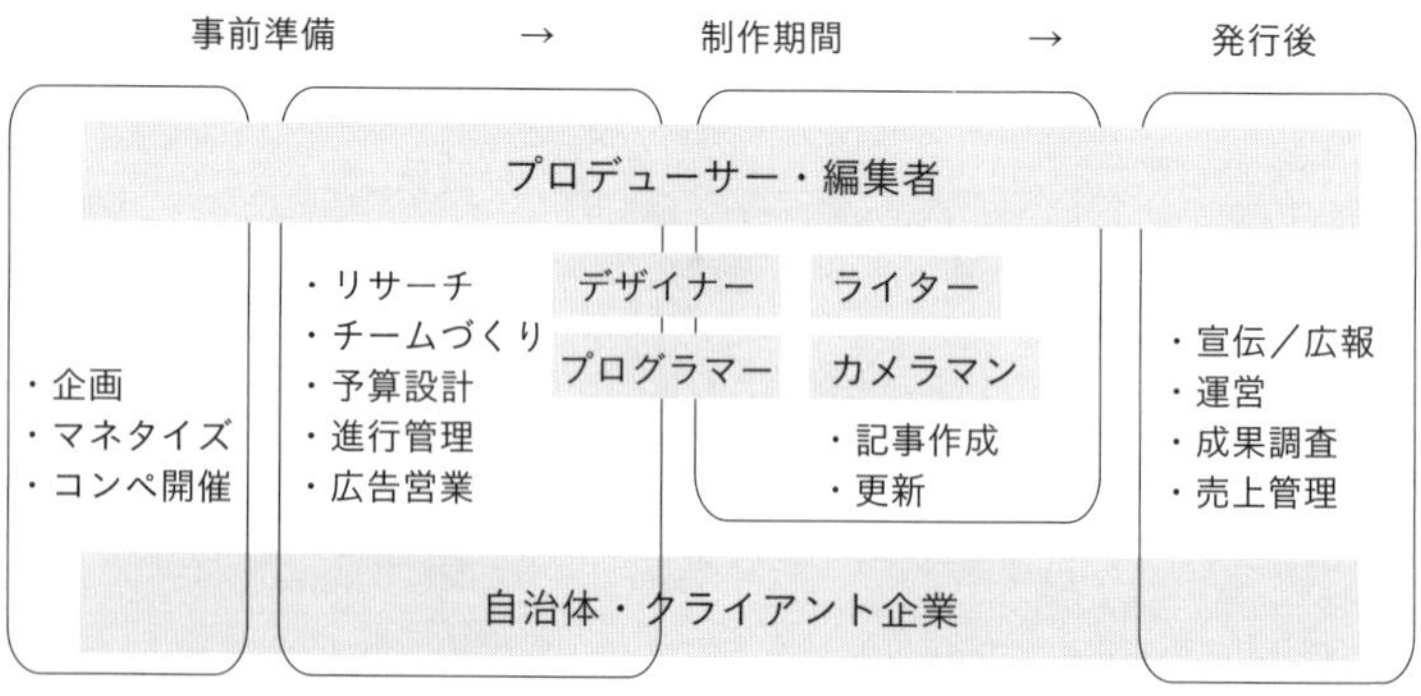

メディアづくりの流れと必要な人材・スキル

ティも自分で決めたい。コストや人材との折り合いという事情もあるが、姿勢としては今ある予算、今ある人材をどう活かすか、何ができるかから考えたい。例えばデザイナーは居ないが、イラストを描ける人がいるなら、とりあえずデザインは見よう見まねでも「イラストを活かす」ことを考えようとか。「原稿は自分で書いてみよう」とか「写真も自分で撮ってみよう」とか。そこにあるリソースをフル活用するとどんなことができるか、を徹底的に考えることが、結果としてクリエイティブな企画につながる。

ローカルでメディアづくりに勤しむ人の多くが陥る落とし穴は、「コンビニに並んでいる東京の雑誌みたいなものがつくりたい」というもの。ＤＴＰが簡単にできる時代、見かけだけオシャレな雑誌をつくることはできる。でも、本当に伝えたいのはそこだったのだろうか。シャッター商店街を元気にすることだったのでは？　分断するお年寄りと若者の関係をつなぎたかったのでは？　デザインや見た目を気にするのは、基本的に若い人たち。無意識のうちに「同じ世代・関心をもつ人」に届けようとしてはいないだろうか。届けるべき読者層を見失ってはいけない。

メディアの業務フローの全体を見ながら、切り捨てるところはバッサリ、代替できるもので代替する。そうして「すべてを見る」ことで、最終的なゴールがクリアに見えてくる。

そして実は「企画」「編集」「広報」のサイクルのなかで、一番お金がかからないのが「企画」だ。企画書を書くこと自体にお金はかからない。企画まで外部に発注する大手代理店なら別だが、脳みそをフル稼働させて、たった一人で生みの苦しみを味わうだけでよい企画が生まれることもある。「編集」のなかには、デザイナーにデザインを発注したり、ライターに原稿を頼んだりする業務が発生する。よりよいものをつくりたいから、みんなここにお金をかけたがる。「広報」にもお金がかかる。営業をしたりリリースを発行したり、イベントを開催したり広告を出稿したり……より多くの人にメディア（メッセージ）を届けたいと考えれば、当然だ。

企画をするうえで、あらかじめアウトプットまでのハードルを想定し、事前に回避するプランを頭のなかに叩き込んでおくと実現まで一直線に進める。想定外のコストがかかることもない。

「企画脳」で編集の領域を広げる

書籍やフリーペーパーのような紙媒体ではなく、イベントなど立体的なプロジェクトを編集する際にもこうした考え方は役に立つ。二〇一三年に青森県の十和田市現代美術館で開催された「超訳 びじゅつの学校」展に企画協力として関わった時は、予算・時期という壁があった。雪の深い冬の厳しい青森で、大勢の観客を全国から集めるのは難しい。そこで、僕は「全国からお客さんを集めるのではなく、地元のファンを増やす」ことを目指した展覧会にしたらいいのでは、と提案した。

テーマは、「二度入場券を買ったら、何度でも入れる展覧会」。東京からわざわざやってくるお客さんはあまり意識しない。でも、地元の人だったら何度でも訪れる可能性がある。この展覧会は、アーティストを部長にした部活を展示室のなかで多数展開するというコンセプト。美術館が単純な来場者数で成果をはかれる時代でもない。いかに地域に開かれた美術館となるか。そうしたクライアント側の思惑にも配慮した企画となった。

限られた予算のなかで、ポスターも八つ折りにするとチラシになる工夫を施した。こうすれば一回の印刷で関係各所に掲示するA1サイズのポスターと、全国に配布するA4サイズのチラシができ上がる。お金がないからこそ、クリエイティブな「企画脳」が身につくし、それはメディアづくりだけでなくプロジェクト運営にも活かせると思う。

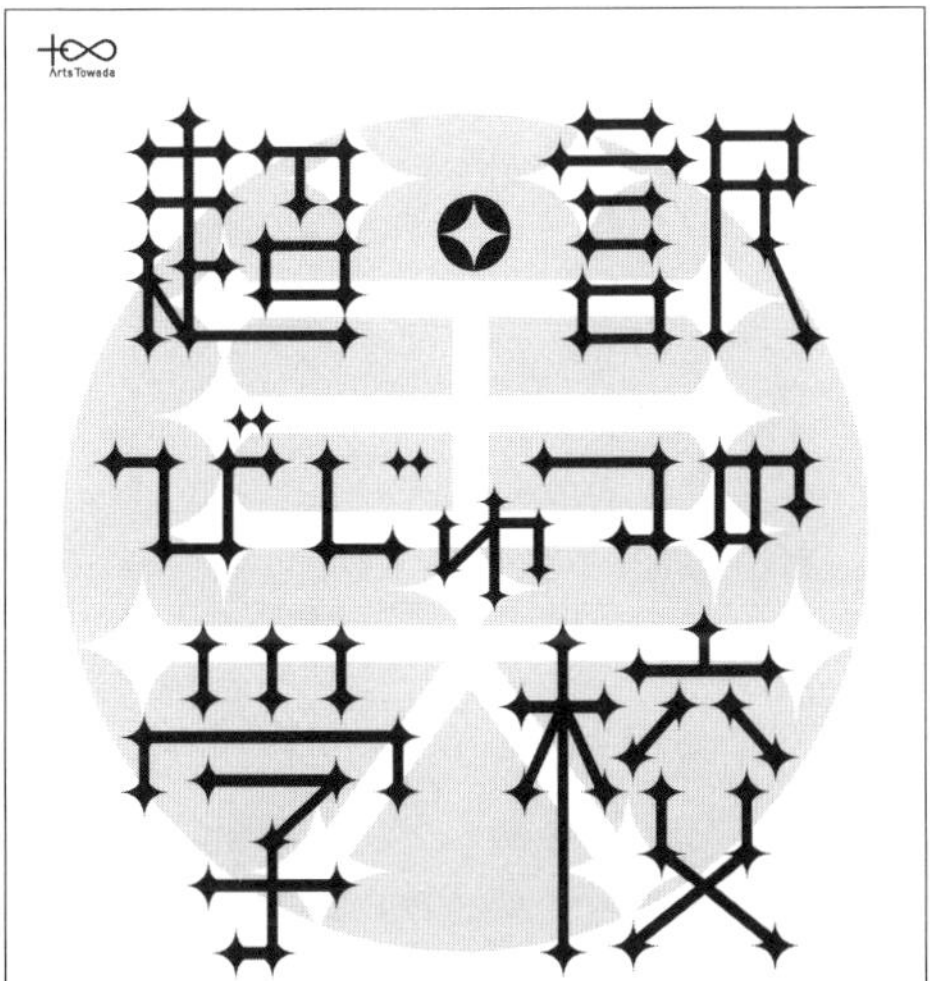

「超訳 びじゅつの学校」チラシ

③ 読者（受け手）第一主義——関係者の間に立つ時の最重要ポイント

多様なステークホルダー

メディアの全プロセスを管理する人のなかには、大きく分けて三種類の人格がある。つまりステークホルダーのこと。一つはクライアント、お金を出して成果を求める主体（行政、企業など）。もう一つは、資金を調達したり、プロジェクト全体の見取り図を描き、ゴールまで滞りなく走破するプロデューサー的存在。三つ目はプロセス全体の人員を配置し、ディテールを調整しながら最高のアウトプットを生み出すディレクター的存在。ローカルメディアづくりにおける「編集者」とは、さしずめ「ディレクター的存在」あるいは「プロデューサー的存在」であると言えるだろう。

もちろん、メディアの全プロセスに責任をもつステークホルダーがみな幸福になる方法を見つけるのは至難の技だ。しかし、売り上げ、興行収入、来場者数など分かりやすい数値だけで「地域のためになるメディアや事業」を評価するのは間違っていると僕は思う。

二〇一四年に初開催された札幌国際芸術祭の成果を記録したカタログ『人と自然が響きあう都市のかたち 札幌国際芸術祭2014ドキュメント』（平凡社）を編集した際、悩ましかったのはステークホルダーが多数いること。

芸術祭を立ち上げようと考えた札幌市という行政、芸術監督として呼ばれた音楽家の坂本龍一さん、それから美術作品のキュレーションを担当したキュレーター陣、そして、地元の市民など、それぞれが芸術祭に対してかける思いが違う。キュレーターは招聘した美術作家の作品が批評家や専門誌で評価されることを良しとするし、市役所や議会は経済効果・来場者数というわかりやすい成果を求める。市民は、芸術祭が終わった後、地元にどんな文化や人のつながりが生まれたかを厳しくチェックする。そして出版社は、単純に売れる本を求める。

この本では、市民参加型のアートプロジェクトが、どのようにして札幌市民を巻き込み地元に新しいコミュニティをつくったか、というエピソードを半分くらいのボリュームを使って紹介した。芸術祭会期後の発行という制約もあって、どうやって地元の書店で継続的に売れるかを考えた結果、読者層として想定される地元市民にとって一番知りたい部分、一過性の芸術祭が地域に何を残したか、に応えられるようなものにしたかった。それが出版社にとって売れる本であり、地元の市民にとって必要な情報であり、めぐりめぐ

『人と自然が響きあう都市のかたち 札幌国際芸術祭2014ドキュメント』。市民参加の芸術祭と地域のエピソードに重点を置いた、読み物ベースのカタログとした

って行政にとってもプラスになるものになると判断した。結果、作品図版だけで構成される記録物としてのカタログではなく、芸術が地域に残したエピソードを全面に出した読み物ベースの構成に比重を置いた。

ひとつのメディアをつくるうえで関わるメンバーはデザイナー、ライター、カメラマンなど多岐にわたる。先に紹介したとおり、予算規模や届けたい範囲によって、どんなチームを組み立てるかを考える。人が多ければそれだけお金がかかる。人材がいなければ、素人でもできることは何かを考える。ステークホルダーが複数いる場合、すべてに応えることはできないなら、もっとも重要な読者=届けるべき人にとって大事なものを優先し、他は思い切って諦める。選択と集中が肝心だ。

読者=支援者は何を求めているか

地方をテーマにした書籍としては、二〇一七年に『ふるさとを編む』という本のお手伝いをした。これは、明治大学の学生がゼミ合宿として訪れた千葉県南房総市で、地元のキーパーソンへの取材を通して、彼らを主人公とした「小説」を執筆し、それを本にするプロジェクトだ。

明治大学の内藤まりこ先生の指導のもと、それぞれ小説を書き上げた学生たちは、クラウドファンディングのページを立ち上げ、本をつくるための資金調達をしようと考えていた。

もちろん、それ自体は間違っていないが、ここで問題になるのが、「誰が出資してくれるか」「誰が読むか」ということ。僕はまず、このクラウドファンディングのページでどんなリターンを設定すれば資金が集まるか、というところからアドバイスをすることにした。

　地元のこと、地元の人を取り上げることで一番喜ぶのは誰だろうか？　当然、地元の人、しかも取り上げられた当人たちだろう。学生が書く小説なので、読み物として純粋に面白いかどうか、それも本ができ上がる前に期待させることは難しい。そこで、彼らが一番喜ぶリターンは何かを考えた。それはきっと、本に合わせて送られる限定グッズや地元の一次産品ではないだろう。二〇代前半のエネルギー溢れる若者が、地元に通って農作業を手伝ってくれたり、お酒の席で一緒に語り合ってくれるだけで嬉しいはずだ。つまり、モノではなく体ひとつで払えるもの、「草むしり、掃除、売り子……なんでもやります！」だ。

　こうしたリターン設定が功を奏して、クラウドフ

千葉県南房総市の住民を主人公にした小説『ふるさとを編む』。明治大学の学生とクラウドファンディングを利用してつくった

ァンディング開始後、締め切りを大きく前倒して二ヶ月ほどで目標金額を上回る資金が調達できた。資金の使い途はデザイン費、編集協力費（僕の実働分）、校閲などの委託費、印刷費などだ。デザインは「本と温泉」が発行した湊かなえさんの蟹のかたちをした本『城崎にかえる』をデザインした本庄浩剛さんにお願いした。そして僕は編集そのものを学生たちにやってもらうことにした。自分たちで文章を書き、デザイナーと打ち合わせをし、紙面のレイアウトを考え、文章を推敲する。自分たちの手で編集したものが世のなかにどうやって流通し、どんな反応があったかを知ることは大きな学びにつながると考えたからだ。

また、小説自体が商品として成立するものかどうか……は実際に読んだ人の反応に委ねるとして、八編の物語を一冊にするとそれなりのボリュームになる。そこで僕は、全部一気に読むのは辛いから、あいだに挿絵のようなものを差し込んで小休止できるようにしよう、と提案した。するとデザイナーの本庄さんから、使い捨てカメラ「写ルンです」をもって、風景とか、物語に関係するものを撮影してきてくださいというオーダーがあった。「写ルンです」の味のある写真が、カメラの腕にかかわらず統一感を出してくれるのでデザインもしやすい。学生たちはこうしたデザイナーや編集者の意見をきちんと聞いて、自分たちで咀嚼し、紙面をつくり上げていく。他にも、リターンの一環として、出資してくれた方の宣伝ページを設けたりもした。

デザイナーや編集者がプレイヤーとして制作物の責任をとるのは、これまで当たり前のことだったが、例えば人材も資金も少ない地方で、地元のリソースを活かしたいと思ったときに、外部からプロを招いてアドバイザーとして少し引いた立場で関わってもらうといい。そのとき、プロデューサーや編集者、デザイナーはあくまで当事者が〝自分ごと〟になるように仕向けるべきだ。

当事者が自分ごととしてつくった制作物は、そのプロセスのなかで、地元のお年寄り、行政や企業などさまざまな人とのつながりを育む。『ふるさとを編む』の場合、つくり手は地元の人ではないが、本書の制作をきっかけとして、南房総を第二の〝ふるさと〟として考え、今後も関わり続けたいと考える学生は確実に増えた。何より、自分たちがつくった本なのだから、思い入れもある。移住者でもなく通勤者でもない「関係人口」がこうして地域に残っていく。

自分たちがつくったという実感

ローカルメディアづくりにルールはない。逆にルールがなさすぎるので、どうやって始めればいいか、誰に届ければいいか、という点に関して、素人では判断がつかない。だから安易に大都市の大きな広告代理店にプロジェクトを丸投げしてしまう。結局はつくり上げたものそのものが、自分たちの手によるものだという実感がなければ、地方で生み出されるメディアやプロジェクトは、外部のクリエイターや企業の手柄になって終わってしまう。

大事なのは、同じ地域に暮らす、異なる世代、関心の人同士でコミュニケーションをするための〝乗り物〟になっているかどうか。そのためには従来の出版流通の仕組みやマスメディアのセオリーから解き放たれたところで、いちからメディアのかたちを考え組み立て、プロセス全体をプロデュースしていく必要がある。それも、一年や二年で終わるものではなく、一〇年、二〇年かけて、地域の新しい文化を醸成し、発信していくつもりで取り組むべきだと思う。

人間はすべて生まれながらのエディターであるとした外山滋比古はかつて『新エディターシップ』(みすず書房)のなかで、編集者とは間に立つ人＝ミドルマンであると語った。さまざまな思惑をもつステークホルダーの間に立って、意見を調整しつつも、つねに一番よい解決策を導き出す。間に立つとは、マスメディア全盛の時代には、専門家と大衆をつなぐ役割だった。ローカルメディアの時代にはきっと、地域に存在し、互いに分断された異なるコミュニティの間に立つ人のことを指すのだと思う。地域には、高齢の方々のコミュニティ、移住組の元気ある若者のコミュニティ、地域での暮らしを豊かにしたい生活者のコミュニティ、いろいろある。彼らのどこにも同調しすぎず、長い時間かけてじっくり、ゆっくり「著者＝発信者」と「読者＝受け手」の間の情報の流れの交通整理をすること。それが、地域でメディアをつくる編集者に求められるもっとも大事な心得だと思う。

3 チームづくり
――ともにつくる一〇か条

多田智美／編集者・MUESUM代表

① 新たな学びの拠点をつくる

二〇一七年三月一九日、福岡県田川郡福智町に初の図書館・歴史資料館「ふくちのち」が誕生した。北九州の小倉駅から車で約一時間、福岡県中部から北東寄りに位置する福智町は、人口約二万四〇〇〇人、赤池・方城・金田の三町が合併して二〇〇七年に生まれた。

赤池支所（旧赤池町役場）を改修した「ふくちのち」は、延べ床面積三五八六平方メートルの二階建て。一階は吹き抜け空間にベーカリーカフェやデジタル工作機器を揃えた工房、子どものための広場、キッチン、本や文房具ショップが並ぶ賑やかなフロアだ。二階はソファが並び、読書を楽しめるフロア。元議場

学校教育
学校教育課
SILK SHOP TASAKI

改修前の「ふくちのち」1階の吹き抜け空間。旧赤池町役場での1週間の設計合宿最終日のイベントでは、合宿の成果発表の他、まちの人たちのマルシェや、1年半後の開館を想像しながら巡る館内ツアー、司書さんによる読み聞かせなどでにぎわった

（撮影：Satoshi Nagano ）

を生かしたサイレントルームでは静かに読書ができる。「お静かに！」「飲食ＮＧ！」など禁止事項の代わりに、利用者の「やってみたい！」の気持ちを後押しする場所は、従来の図書館や資料館の概念を覆す試みとして注目されている。

編集者として活動する私は、この「ふくちのち」設計チームとしてプロジェクトに参画した。「建築設計に編集者が？」と疑問に思われる方もいるかもしれない。いつもは大阪を拠点に〝出来事が生まれるところからアーカイブまで〟をテーマに、アートやデザイン、福祉、地域などのプロジェクトに携わり、紙やウェブ、プロジェクトなどの企画・編集を手がけているが、近年ではまちづくりの領域で編集者の職能が求められることも多い。そこでは、まちの価値や魅力を可視化して発信したり、活動が自発的に生まれる状況を誘発するプログラムやプロセスを企画・運営したり、複数のメディアを立体的に配置しながらプロジェクト自体を編集している。

ここでは「ふくちのち」ができるまでを紐解きながら、チームづくりに必要な「ともにつくるための一〇か条」を考えてみたい。

「ふくちのち」提案模型

② いくつものチームづくり

メディア／プロジェクトに関わらず、ものづくりにはチームづくりが大切だ。ひとりでは何もできないし、続かない——私にとっては、実は自分自身が一番信用ならない存在である。でもよいチームでは、お互いの弱みを補完し合い、強みを高め合うことで相乗的な力が生まれる。「ふくちのち」では、設計を担当するクリエイティブチーム、施主／運営者になる行政、館長・司書とのチーム、使い手として館の可能性を広げようと積極的に関わる住民とのチームと大きく三つのグループがあり、それぞれのチームづくりが必要だった。また、あまり関心のない住民との関係づくりも試みている。一方的にボールを投げるだけでなく、受け手の立場も想像しながら、紙媒体やウェブを介してゆるやかに関わり合えたらと考えた。

開館から二年前の二〇一五年二月、設計業務者選定プロポーザル全国公募が公表された。私は代表を務める編集事務所・MUESUMとして、東京の一級建築士事務所・大西麻貴＋百田有希／o+h、大阪のデザイン事務所・UMA/design farm（代表：原田祐馬）と三社でタッグを組み、参加した。公共施設設計プロポーザルの多くは、賞歴や実績を応募条件として求めるが、今回は経験の浅い設計者にもひらかれていた。そこで私たちは自分たちの考える「これからの図書館・歴史資料館」を「学びのあり方、生き方やはたらき方について考える、広い意味での場づくり」と解釈して、複眼的な視点で議論ができるこのチームで挑むことにした。企画提案書による第一次審査、公開プレゼンテーションによる第二次審査を経て、北海道から鹿児島まで一〇五組の応募から最優秀に選ばれ、「ふくちのち」プロジェクトがスタートした。

①過去の経験は〝次の挑戦〟への助走期間

ともにつくるための一〇か条の一つ目は、「チームメンバーの過去の経験やそこから得た知見は必ず活かせる」ということ。プロポーザルは提出期限までの期間が短く、リサーチを十分にすることが難しい。そこで活きるのは、メンバーそれぞれの経験や知見。それをつなぐことで、時間の制約を越えて思考できる。が、それは成功体験に限らない。

遡ること、そこから約三年。私が初めて参画したプロポーザルは、とある町に新設する市立図書館・美術館の建築設計および二〇年間の企画・運営を担うＰＦＩ事業者選定だった。私含め三名のディレクターが中心となって世界中の図書館・美術館をリサーチし、地域に根ざした図書館・美術館を構想。o+hを含む仲間を結集して挑んだが、結果は一点差の次点。悔しい思い出だが、全力で思考した「これからの図書館・美術館のつくりかた」が、期せずして「ふくちのち」を構想するための助走期間となっている。

②立ち戻れる、そもそもの「問い」を立てる

一〇か条の二つ目は、「チームの根っこを育む〝問い〟を立てること」。「なぜ私たちはつくるのか」とい

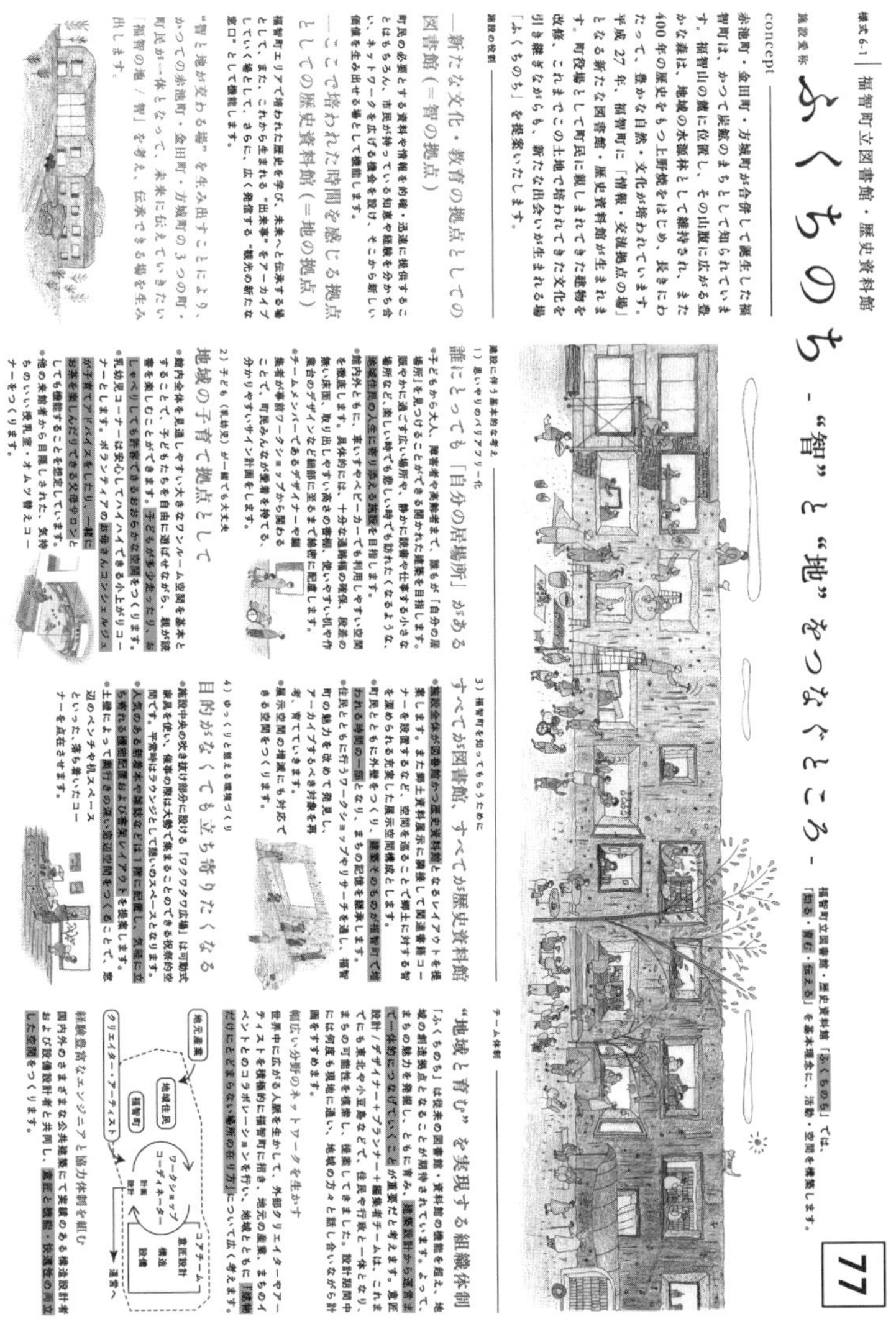

様式6-1 福智町立図書館・歴史資料館

77

施設愛称 ふくちのち -“智”と“地”をつなぐところ-

福智町立図書館・歴史資料館「ふくちのち」では、「知る・育む・伝える」を基本理念に、活動・空間を構築します。

concept

赤池町・金田町・方城町が合併して誕生した福智町は、かつて炭鉱のまちとして知られています。福智山の麓に位置し、その山腹に広がる豊かな森は、地域の水源林として維持され、また400年の歴史をもつ上野焼をはじめ、長きにわたって、豊かな自然・文化が培われています。平成27年、福智町に「情報・交流拠点の場」となる新たな図書館・歴史資料館が生まれます。町役場として町民に親しまれてきた建物を改修、これまでこの土地で培われてきた文化を引き継ぎながらも、新たな出会いが生まれる場「ふくちのち」を提案いたします。

施設の役割

—新たな文化・教育の拠点としての図書館（＝智の拠点）

町民の必要とする資料や情報を的確・迅速に提供することはもちろん、市民が持っている知恵や経験を分かち合い、ネットワークを広げる機会を設け、そこから新しい価値を生み出せる場として機能します。

—ここで培われた時間を感じる拠点としての歴史資料館（＝地の拠点）

福智町エリアで培われた歴史を学び、未来へと伝承する場として、また、これから生まれる“出来事”をアーカイブしていく場として、さらに、広く発信する“観光の新たな窓口”として機能します。

“智と地が交わる場”を生み出すことにより、かつての赤池町・金田町・方城町の3つの町・町民が一体となって、未来に伝えていきたい「福智の地／智」を考え、伝承できる場を生み出します。

建設に伴う基本的な考え

1）思いやりのバリアフリー化

誰にとっても「自分の居場所」がある

●子どもから大人、障害者や高齢者まで、誰もが「自分の居場所」を見つけることができる開かれた建築を目指します。賑やかに過ごす広い場所や、静かに読書や仕事する小さな場所など、楽しい時でも悲しい時でも訪れたくなるような、地域住民の人生に寄り添える施設を目指します。
●館内外ともに、車いすやベビーカーでも利用しやすい空間を徹底します。具体的には、十分な通路幅の確保、段差の無い床面、取り出しやすい高さの書棚、使いやすい机や作業台のデザインなど細部に至るまで綿密に配慮します。
●チームメンバーであるデザイナーや編集者が事前ワークショップから関わることで、町民みんなが愛着を持てる、分かりやすいサイン計画をします。

2）子ども（乳幼児）が一緒でも大丈夫

地域の子育て拠点として

●館内全体を見通しやすい大きなワンルーム空間を基本とすることで、子どもたちを自由に遊ばせながら、親が読書を楽しむことができます。子どもが多少走ったり、おしゃべりしても許容できるおおらかな空間をつくります。
●乳幼児コーナーは安心してハイハイできる小上がりコーナーとします。ボランティアのお母さんコンシェルジュが子育てアドバイスをしたり、一緒にお茶を楽しんだりできる父母サロンとしても機能することを想定しています。
●他の来館者から目隠しされた、気持ちのいい授乳室・オムツ替えコーナーをつくります。

3）福智町を知ってもらうために

すべてが図書館、すべてが歴史資料館

●施設全体が図書館かつ歴史資料館となるレイアウトを提案します。また郷土資料展示に隣接して関連書籍コーナーを設置するなど、空間を巡ることで郷土に対する智を深められる充実した展示空間構成とします。
●町民とともに外壁をつくり、建築そのものが福智町で培われる時間の一部となり、まちの記憶を継承します。
●住民とともに行うワークショップやリサーチを通し、福智町の魅力を改めて発見し、アーカイブするべき対象を再考、育てていきます。
●展示空間の増減にも対応できる空間をつくります。

4）ゆっくりと憩える環境づくり

目的がなくても立ち寄りたくなる

●施設中央の吹き抜け部分に設ける「ワクワクワ広場」は可動式家具を使い、催事の際は大勢で集まることのできる祝祭的空間です。平常時はラウンジとして憩いのスペースとなります。
●人気のある新着本や雑誌などは1階に配置し、気軽に立ち寄れる機能配置および書架レイアウトを提案します。
●土壁によって奥行きの深い窓辺空間をつくることで、窓辺のベンチや机スペースといった、落ち着いたコーナーを点在させます。

チーム体制

“地域と育む”を実現する組織体制

「ふくちのち」は従来の図書館・資料館の機能を超え、地域の創造拠点となることが期待されています。よって、まちの魅力を発掘し、ともに育み、建築設計から運営まで一体的につなげていくことが重要だと考えます。意匠設計／デザイナー＋プランナー＋編集者チームは、これまでにも東北や小豆島などで、住民や行政と一体となり、まちの可能性を模索し、提案してきました。設計期間中には何度も現地に通い、地域の方々と話し合いながら計画をすすめます。

幅広い分野のネットワークを生かす

世界中に広がる人脈を生かして、外部クリエイターやアーティストを積極的に福智町に招き、地元の産業、まちのイベントとのコラボレーションを行い、地域とともに「建物だけにとどまらない場所の在り方」について広く考えます。

地元産業
地域住民
福智町
クリエイター・アーティスト
ワークショップコーディネーター
計画
設計
コアチーム
意匠設計
構造
設備
運営へ

経験豊富なエンジニアと協力体制を組む

国内外のさまざまな公共建築にて実績のある構造設計者および設備設計者と共同し、意匠と機能・快適性の両立した空間をつくります。

福智町立図書館・歴史資料館設計プロポーザルに提出した企画提案書（一部）。リサーチをもとに、設計チームのコンセプトを整理して、A3プレゼンボード4枚と模型で表現した

う動機を明確にすること。今回は、建物をつくるだけでなく「これからの公共施設はどのようにつくられるべきか？」という問いを掲げた。

チームは、建築設計事務所・デザイン事務所・編集事務所の三社と一風変わった編成だ。それぞれ設計、サインデザイン、機運醸成・情報発信など建築設計に生かせる職能はあるものの、その領域をお互いに侵犯しながら楽しく深くディスカッションできるのがこのチームの強み。みんな、これまでの経験から、自然・文化・産業・教育・福祉などの視点で、まちの未来を思い描くことに可能性を感じていたし、私自身は編集者という立場から「本」の可能性を考えたいとも思っていた。とにかく、幅広い年代の人たちとの「新しい学びの場づくり」を通して、創造的な場が生まれる瞬間に立ち会えることにわくわくしていた。

一方、アイデアや想いが膨らむと、ヴィジョンは散漫になりがちだ。そんなとき、最初に設定した「なぜ私たちはここに公共施設をつくるのか」という問いが、提案をまとめるためのチームの判断を導いた。

③「独創性」は、独自のリサーチから生まれる

提案書作成は、リサーチから始まる。まずは募集要項を読み込み、さまざまな角度から紐解き、図書館・歴史資料館に関する国内外のユニークな先行事例を調査し、使い手を想像する。さまざまな価値観を持つ町の人々、国内外から訪れる人（希望も込めて）、運営する行政、現場で働く館長や司書さん。

できれば直接ヒアリングしたいが、応募締め切りまでの期間が短いときにオススメしたいのが漫画や映

画だ。調査にもとづいて描かれた漫画や映画には膨大な情報が盛り込まれている。今回も司書の視点で描かれた漫画でざっくりと業界を把握し、想像力を高めていった。もちろん書籍や論文、他館が発行する印刷物からもヒントを得られる。

その他、行政が発行する過去の広報誌を遡り、敷地の変遷、まちの文化や産業、教育、特産品、名所、隠れた名店や流行りの店、地形にも目を向ける。ただし現地のフィールドワークでは、あまり意気込むより、楽しみながら土地の魅力や空気を感じ取る。人によって着眼点も異なるので、気づきを共有することで、チーム独自の切り口が浮かび上がってくる。

一〇か条の三つ目は、「それぞれの切り口で、収集できる情報を見つけること」。どれだけレアな情報を収集できるかで、アイデアの強度や説得力が

現地のフィールドワークはあまり力まず楽しむようにしている（撮影：Satoshi Nagano）

変わる。私の場合、珍しさやインパクトより、一見「ふつう」なのに、見過ごされてきた大切なものの「芯の強さ」に惹かれる。正解がないからこそ、調査のテーマを絞り込みすぎずに、多様な情報に触れる姿勢を心がけると、アイデアも自然に展開しやすい。

④断片的なシーンの集合体で、全体を組み立てる

リサーチを元に切り口や目標が定まると、「こんなことが起きたら面白くない？」と、映画のシーンを描くようにイメージを共有していく。断片的なシーンをつなぎ合わせていくと、企画や空間が立ち現れてくる。

本と出会って始まる学びもあれば、さまざまな体験や実験から「もっと知りたい！」と本をひらく学びもある。図書館に馴染みのない人が多い土地なので「図書館＝静かに＝退屈」というイメージを払拭し、立ち寄りたくなる機能がほしいと考えた。例えば、入り口にはパンとコーヒーの香りが漂い、デジタル工作機器がそろった工房で中高生がものづくりと出会う。キッチンではお料理上手なおばあちゃんが郷土料理を伝授していて、それが地域のレシピ本として図書館から発行される。小さな子どももお母さんも気兼ねなく遊びに来れる。

また各諸室名に縛られず、使い方を広げることも考えた。図書館には、視聴覚障害のある方の朗読資料をつくる録音室がある。地元中高生の間ではラップやボイスパーカッションが人気なので、それも収録できると面白そうだ。町内には本屋や映画館がないので、一階の吹き抜け空間にスクリーンを吊るして映画上映やパブリックビューイングができたり、小さな屋台で本や文房具が買えたりすると、賑やかなまちのような風景が生み出せるのではないかと考えた。

一〇か条の四つ目は、「断片的なシーンをリアルに描くことで、全体を組み立てること」。まちは、多様な個の集まりでできている。「私たち」と一人称で呼べる人たちを思い浮かべながら、この施設づくりに携わることを重視した。

⑤チーム以外の人たちとも共有できるヴィジョンを持つ

一〇か条の五つ目は、「プロジェクトに関わるすべての人たちの行動指針となる言葉を紡ぐこと」。提案書やプレゼンテーションは、これから関わるすべての人に向けたラブレターのようなもの。どこから語り始めるべきかを考え、ヴィジョンを共有することも大切だ。

二次審査は町民参加型の公開形式で「企画・提案力のある者」を選ぶ場だった。このとき、私たちは設計プランを説明する前に、自分たちのプロジェクトに向かう姿勢を示そうと決めていた。二〇〇名を超える来場者に向けて、設計を進める上で、住民のみなさんが「自分たちのまちを、自分たちでつくること」を大切にしたいと伝えた。さらに「私たち設計チームは、みなさんのパートナーです」と。その後に説明した設計プランも、各場所でどんな光景が生まれるのか想起できるよう、そこで起こり得るアクティビティをシーンとして描いたスケッチを用いた。

審査後、選出の速報が入り、福智町へ駆けつけたとき、図書館検討委員会を設置当時から担当していた役場職員が「やっとパートナーができるんだと思うと、ほっとして涙が出ました」と話してくれた。古谷誠章審査委員長からは「公共施設は建設過程から利用者である住民と一緒に生み出すことが大切です。自らをパートナーと位置づけ、参画するからこそ愛着が湧き、自然と人が集まる施設ができる、と設計に向かう姿勢を評価しました」とコメントをいただいた。

選定後の住民説明会では、後に重要なパートナーとなる中学生たちと出会うことができた。「福智町から、田川・筑豊のイメージを変えたい！」と活動を始めていた彼らに想いが届き、「この図書館・歴史資料館をつくることで、変え

住民説明会の風景。中学生が質問してくれた瞬間（設計チームは右から大西麻貴、百田有希、原田祐馬、著者。左端は、鳥越美奈館長）（撮影：Satoshi Nagano）

られるかもしれない」「僕たちがつくるんだ」と合流してくれた。

⑥会議の場をデザインする

設計プロジェクトが本格始動すると、自治体の担当者、利用者となるさまざまな世代の住民、地元の民間企業など、関わる人の輪が広がっていく。一方、さまざまな想い／思惑を持つ人たちとの協働は一筋縄ではいかない。

自治体担当者との初回の会議。決裁フローの確認、誰と何を議論し決めていくのか、今後の会議の形式を整理した後、フリップを使ったQ&Aワークショップを行った。「提案を聞いて、心が動いた瞬間があれば教えてください！」「実現できそうにないなと思ったことを教えてください！」「こんな光景が生まれたらいいな。さて、

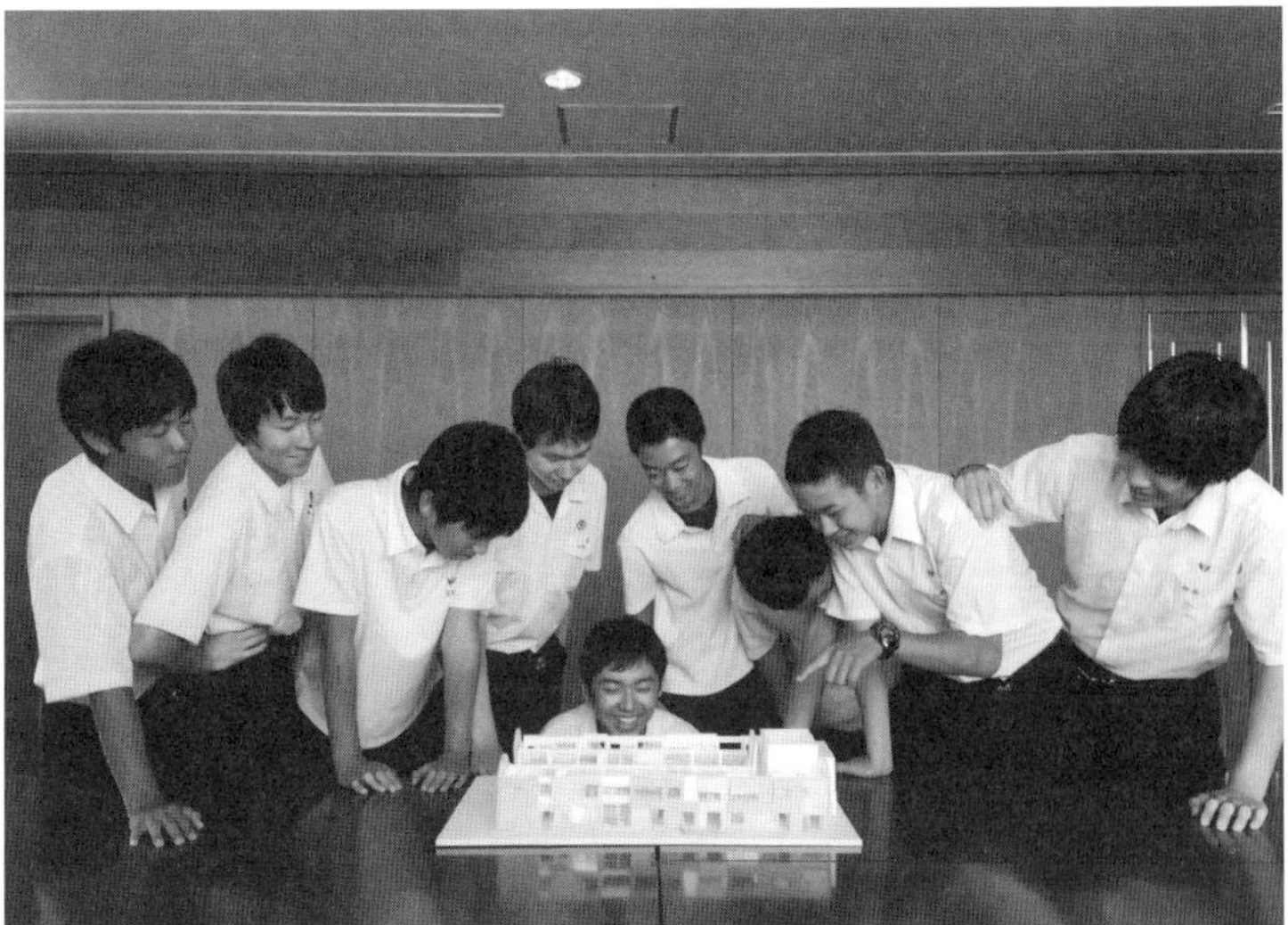

活動に参加してくれた中学生たち（撮影：Yuma Harada）

どんなこと?」「こんな場所は絶対に嫌だ。さて、どんな場所?」。大喜利形式の質問は約三〇問。「せーの!」で一斉に見せ合う。まわりの目を気にする間を与えず、テンポよく同時に回答してもらうことで、自然とお互いの違いを楽しみながら受け入れていく時間が生まれた。

ともにつくるための一〇か条の六つ目は、「会議の場をデザインすること」。新しいものは、答えのない問いに向き合う緊張感と、予期せぬエラーを楽しむ開放感を行き来しながら生まれる。会議も論理的に議論を重ねる時間と、自由にアイデアを話せる時間の両方が必要だ。会議室に流れるムードも緊張と緩和のよいバランスを心がける。場合によっては、食べながら、歩きながら、フランクな場だからこそ話せることも大切にしたい。

⑦体験をともにして、共通言語を紡ぐ

基本設計半ばの夏休み期間、一階の吹き抜け空間に仮設テントを立てて即席の設計事務所をつくり、一週間の設計合宿を行った。大きな模型を見ながらのプラン検討、建築模型づくりや図面作成、中高生や子育て層、高齢の方など、さまざまな使い手へのヒアリング、情報発信の議論など公開制作形式で進めた。

リノベーションであることを生かし、建物を使った空間シミュレーションでは、「ここに大きな窓が開くんだな、光や風が心地よさそう」「このソファに座るとあの山を見ながら、ゆったりできそう」と館内をめぐり、模型やCGでは伝わらない情景を浮かべてディスカッション。すると自然とアイデアが湧き、充実した議論ができた。役場機能も少し残っていたため、役場を訪れた方からも町への想いや要望、激励をもらえた。

また、吹き抜けを生かした映画上映会、上野焼を使ったワークショップ、シルクスクリーンでのものづくり、広場での読み聞かせ会、一品持ち寄りのＢＢＱなど、幅広い世代の方と「開館後にやってみたいこと」を実験的にやってみた。楽しむうちに、世代を超えた意見交換の場となり、開館を楽しみにする気持ちも芽生えた。

ともにつくるための一〇か条の七つ目は、「体験をともにして、共通言語を紡ぐ」。世代や居住地、職業などバックボーンの異なる人たちとの協働は、共通言語を見出しにくい。「ふくちのち」でも、私たちが場づくりの参考にしていた山口県のＹＣＡＭ（山口情報芸術センター）へ、福

設計合宿。世代をこえて、たくさんの人たちが集い、意見交換することができた。
（撮影：Satoshi Nagano）

智町の行政職員とともに視察に行った。場の共有はもちろん、展覧会や映画、本など共通の体験を通して、感想や気づきを共有することも有効だ。また積極的に関わってくれる人もいれば、乗り気になれない人もいる。今は乗り気でも、やる気がでない日もある。可能な限りプロセスを公開し、おおらかな気持ちで協働できる心構えも重要だろう。

⑧ともにつくるための仕組みをつくる

設計合宿には、中学生も連日参加した。模型を前に空間の使い方を想像したり、模型づくりを手伝ったり、まちのリサーチをしたり。日を追うごとに仲間は増え、気づけば高校生も巻き込む大所帯に。そうなると、一人ひとりがのびのびと活動できる「仕組み」が欲しくなった。

例えば、まちの声を集めるリサーチでは、テレビのドッキリ番組に出てくるような「ふくちのちができるまで　突撃取材！」と書いた黄色い看板や、「福智町にほしい日本一／世界一の図書館、さてどんな図書館？」「福智町にいらない最低最悪な図書館、さてどんな図書館？」と二つの質問を書いたフリップを用意した。何だか笑えるフォーマットがあれば、知らない人にも声をかける勇気が出る。驚くほど幅広い世代の声を集めてきてくれた。

合宿終盤には情報発信のアイデアも出てきた。印象的だったのは、「ただの図書館・歴史資料館ではない何かが生まれようとしている！」という言葉。そこで世界初!?の模型がついた飛び出す立体壁新聞をつくることに。編集方針やメディア名、コンテンツを考えるところから、取材、撮影、執筆、レイアウトラフ作成など編集作業を中学生に伝授し、彼らが中心となって制作する。立体壁新聞『ふくちから』は旧赤池支所、各中学校に設置した。複写でポスターを作成し、町中にも掲示した。

さらに「中学校を卒業しても活動できる仕組みが必要だ！」と考えた彼らの発案で、学校や世代を超えて参加できる図書館・歴史資料館設計のボランティアグループ「ふくちトライアングル（通称ふくトラ）も生まれた。「福智町に新しいことが起こるかもしれない！」という期待に応え、自主的な活動は続き、プロジェクトの推進力になった。

最終日には、成果発表会として誰でも参加できるイベントを開催した。吹き抜け空間にテントを並べ、町の方たちが出店するマルシェをオープン。また

「突撃取材！」の看板を抱えてヒアリングする中学生たち（撮影：Satoshi Nagano）

「ふくトラ」とともに一週間の記録写真をスライドで見ながらプロセスやプランの経過を発表した。開館後を妄想しながら巡る館内ツアー、司書さんによる読み聞かせの会など、一年半後の開館が待ち遠しくなる企画を重ねた。こういった一連のプロセスが評価され、全国の知的情報資源に関わる機関を対象にする「Library of the Year 2016」の一次選考に、開館前にも関わらず「ふくちのち」がノミネートされる！ という、嬉しいニュースも追い風となった。

ともにつくるための一〇か条の八つ目は、「ともにつくるための仕組みづくり」だ。たくさんの人が自発的に参画できるプロジェクトの裏側には、強い情熱と丁寧に組み立てられたスキームがある。

『ふくちから』の編集作業中の中学生たちとそれを見守る弊社スタッフ
（撮影：Satoshi Nagano）

世界初？！の飛び出す立体壁新聞『ふくちから』

⑨決めたことに固執せず、客観的な視点を忘れない

基本設計も終盤に差し掛かった頃、イタリア・ボローニャにあるサラボルサ図書館を視察した。私たちのバイブル『知の広場』の著者、初代館長のアントネッラ・アンニョリ氏の案内でまわったサラボルサ図書館は、まさに「知の広場」と呼ぶにふさわしい場だった。無理を承知で、私たちのプランをプレゼンすると、入り口のカウンターの位置について助言を受けた。自由な雰囲気づくりには入り口が重要。誰もが気兼ねなく訪ねられる場所にするためには、カウンターは奥に配置するのがよいというアドバイスはもっともだった。その時点でゾーニングはほぼ確定しており、帰国後の会議は白熱したが、最終的には奥に配置することに決まった。

ともにつくるための一〇か条の九つ目は「自らが決めたルールを常に疑い、ベストを尽くすこと」。時間をかけて積み上げてきたアイデアだからといって固執せず、客観的に見つめ直し、手放す勇気も必要だ。自分たちが目指すことに立ち戻ることで、鋭い指摘をポジティブに受け止めることができる。

⑩実現したい状況をメディアに託す

さまざまな人たちを巻き込みながら進んだ設計プロジェクト。この過程を追体験してもらうことで、より多くの人が開館を楽しみに待てる状況をつくりたかった。

そこで開館一年前から、独自の発信メディアとして「ふくちのちができるまで」ウェブ版と紙版にて情

報発信を開始。設計プロセスと内容を紹介するコーナー、館長インタビュー、中学生による「突撃取材!」、研究者・料理人・アーティストなどさまざまな専門家の視点で福智町を紐解く特集など、まちの魅力に気づき、「こんなこともできるかも!」と想像を膨らませてもらえる企画を考えた。

　ともにつくるための一〇か条の最後は、「実現したい状況をメディアに託すこと」。「こうなったらいいなぁ」と思う状況を、先行して描いて見せることで、まだ見ぬ仲間と共有し、輪を広げられる。「自分たちのまちを、自分たちでつくる」は設計者だけでは実現できない。仲間を見つけるきっかけとしてメディアが活きる。しかし、伝え方を間違えると「そんなん知らんがな!」という反応も生まれてしまう。プロジ

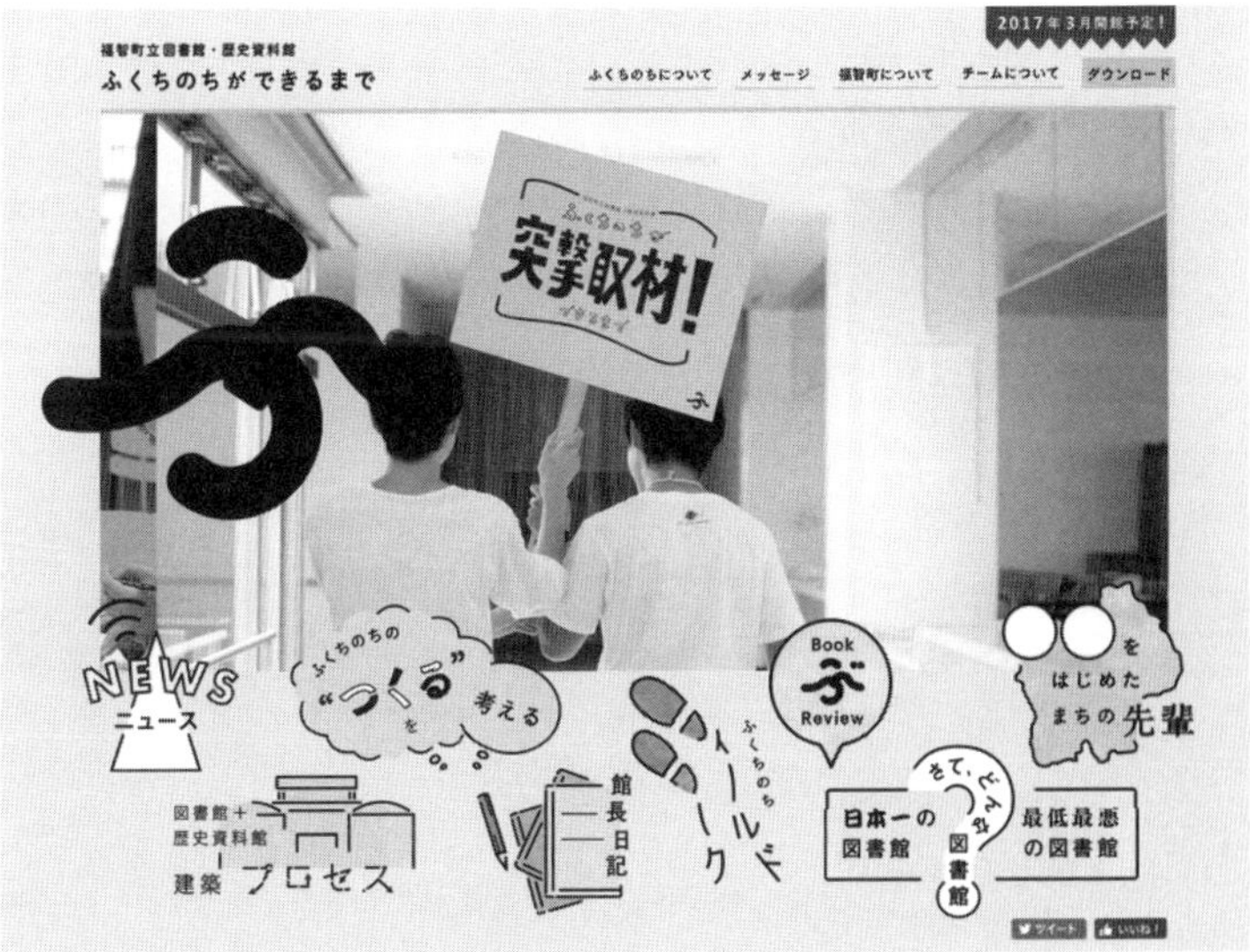

「ふくちのちができるまで」ウェブ版(http://fukuchinochi.com/pre/)

エクトの内側にいるときは、いつも以上に俯瞰的な視点を心がけたい。

「ふくちのち」を事例に、ともにつくるための一〇か条を考えてみた。紙、ウェブ、場を問わず、またプロジェクトの大小問わず、何かをつくりあげる過程に生まれる期待感は、人々の心を前向きにする不思議な力がある。そのためには専門家、行政、住民、さまざまな立場の人たちとさまざまな場面でのチームづくりが肝要だ。「ともにつくること」はとても面倒だが、とても面白い。

4 デザインの方法

――魅力的な誌面をめぐる考え方

原田祐馬／UMA/design farm 代表

① 四つの役割

ローカルメディアをデザインする。そのために地域での「デザインの役割」を理解し、それぞれの役割に自分たちの考えを重ねてみるところから始めるのがよいだろう。紹介する四つの役割は僕らが常に大切にしていることである。直接的に表現の肥やしにはならないかもしれないが、考え方を考える肥やしにはなるのかもしれない。

デザインの役割①魅力的にする

ローカルメディアを通して、自分たちがつくっていきたい状況があるはずだ。その状況を可視化するためには魅力的な誌面をつくる必要がある。魅力的な誌面とはなにか？　それは整然と要素が並ぶものであってはならない。つくり手の想いが伝わってくる誌面にすることが一番の目的である。読み手の顔を想像し、一つ一つの内容と向き合い、表現としての魅力を試行錯誤する。その試行錯誤が誌面となり読み手に、こってりと時には暑苦しく想いが届くようになるはずだ。例えば、香川県の豊島で発見した『島キッチン新聞』に僕は甚く感動をした。

二〇一〇年の瀬戸内国際芸術祭のプロジェクトとして、食とアートで人々の出会いの場をつくる「島キッチン」が立ち上がった。そこの広報的な機能として『島キッチン新聞』が発行されているのだが、私が手に取ったのは記念すべき五〇号。誌面で繰り広げられているのは、ローカルメディアの理想ともいえるメディアを通した相互関係を生むものだったのである。瀬戸内国際芸術祭・ボランティアサポーターのこえび隊の方がすべて手書きで仕上げ、A3両面モノクロ一色刷（コピー機か簡易輪転機だろう）という超ローコストにも関わらず、誌面を通してコミュニティが醸成していることが赤の他人でもある僕に手にとるように伝わってきたのだった。色々な要素が散りばめられているが、そのなかでも「間違い探し」に僕は、驚きを隠せなかった。最初はこの時代に「間違い探し」と少し甘くみていたが、超絶に難しく、揺れるフェリーの中で僕も必死で間違いを探してしまった。近所のおじいちゃんには見えないだろう小さな違

『島キッチン新聞』:オール手書きで構成された、島キッチンと島民の交流のための新聞。隅々にまで場や作り手の空気感が伝わってくる

（発行元：島キッチン　提供：瀬戸内国際芸術祭サポーターこえび隊）

いが散りばめられ、誌面に愉しみを生んでいる。魅力的にするということは愉しむ読者をつくるということだと考えてもよいだろう。記念すべき五〇号ということもあり、近所の方からの応援メッセージが掲載されており、「毎回、島キッチン新聞が届くのが愉しみだ」と書いてあった。これはお世辞ではない。本当に待っているのだろう。魅力的な誌面とは、読者が待ち遠しくなったときにヴィジョンが、かたちになったといえるのかもしれない。

デザインの役割②組み立てる

次に、伝えたい要素をどのようにして一つに組み立てるのかが大切な仕事だ。誌面を組み立て、つくりあげようと意気込むと最初に想像することは、Illustrator や Photoshop、Indesign など専門性の高いアプリケーションでレイアウトすること（役割①でも書いたが想いが届くものになるのであれば、手書きでもよいし、デザインに特化したアプリケーションを使う必要はない）だろう。しかし、レイアウトというのはプロセスの一部でしかないのだ。まず、企画会議をし、内容や取材先を決定することから始まる。そして、原稿執筆、レイアウトをし、印刷、配布（ウェブであれば公開）というのが大きな流れだろう。ローカルメディアでは、一人ですべてのプロセスを手掛ける人たちも少なくはないが、編集者やライター、カメラマン、デザイナー、そして読者と共に対話を繰り返す必要がある。そのプロセスを計画的に組み立て、参加していくことで、配布する瞬間を待ち望むことが大切だろう。ローカルメディアをつくることが、流れ

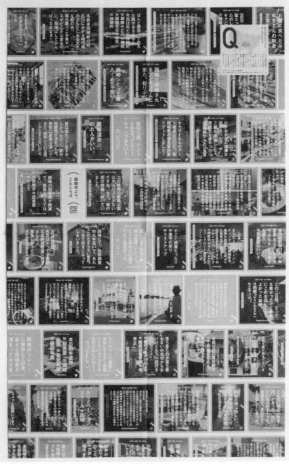

『ローカルメディアＱ』:SNS での情報を再編集し、グリッド型に配した閲覧性の高いポスター型のフリーペーパー。投稿された写真は背景とし、言葉から魅力を伝えていこうとする態度が見えるデザイン
（発行元：岡崎市　企画・情報収集：NPO 法人岡崎まち育てセンター・りた）

作業になってはならない。常に変化を恐れず、挑戦できる当事者性の高い仕事だ。

さて、『ローカルメディアQ』を知っているだろうか？　愛知県岡崎市の中心市街地で、「暮らしと公共の未来をデザインする挑戦」をモットーに活動するおとがわプロジェクトが発行するローカルメディアである。B2両面フルカラーの壁新聞形式で、岡崎市に暮らす等身大の姿を紹介しているのだが、そのプロセスが非常に興味深いものになっている。まず、SNSなどで岡崎市の中心市街地について投稿しているものを探し、編集部がこれだ！と発見すると、その投稿者に連絡をし掲載の依頼をする。それが溜まってくるとグリッド上の誌面フォーマットに落とし込まれ、発行されるという仕組みだ。発行された『ローカルメディアQ』は壁新聞として街にもう一度、溶け込んでいく。実は、僕も編集部から連絡をもらった一人で、最初はなんだか怪しいと感じていたが、いざ完成すると不思議な感覚が呼び起こされた。街を想う当事者の一人として巻き込まれ、気がつくと岡崎市のことが好きになってしまっているのだ。毎号発行記念のパーティーもあり、誌面に集められた大阪や東京や岡崎で暮らす人たちが、誌面でなくリアルに会う機会まで準備されている驚きのメディアだ。この取り組みのように、メディアを越えた場まで組み立てられると、僕のように虜になってしまうのだろう。

デザインの役割③媒介になる

ローカルメディアを日本語訳すると地域媒体となるのだろうか。地域の情報に強い新聞は地方紙とも呼

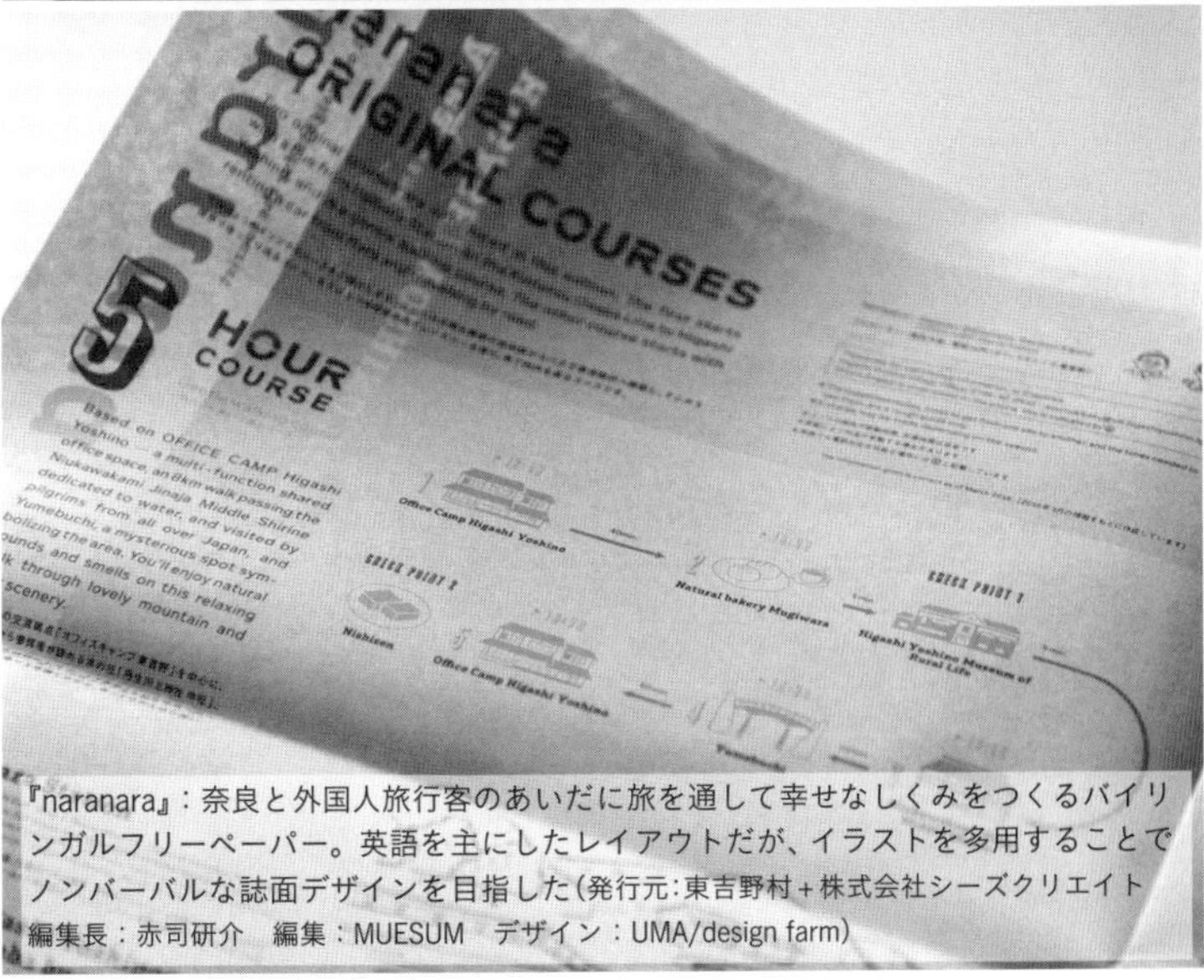

『naranara』：奈良と外国人旅行客のあいだに旅を通して幸せなしくみをつくるバイリンガルフリーペーパー。英語を主にしたレイアウトだが、イラストを多用することでノンバーバルな誌面デザインを目指した（発行元：東吉野村＋株式会社シーズクリエイト　編集長：赤司研介　編集：MUESUM　デザイン：UMA/design farm）

ばれているので地方媒体でもよいのかもしれない。三つ目のデザインの役割は「媒介になる」だ。媒体ではなく媒介である。媒体は情報を発信する物体としての価値が重要になるが、その物体を内包した行為や活動が伴う人が大切だと考えている。もし、あなたが地域に根ざしたデザイナーであったり、そのようなデザイナーを目指したいと思っているのであれば、媒介は重要なキーワードになるだろう。まず、媒介になるためには二つの方法がある。一つ目は、自分自身が地域の課題を発見しその課題に対して要素を組み立てて（役割②）、紙面を魅力的にすること（役割③）。自ら起こすことだ。二つ目は、なにかその地域の力になりたいと漠然と思っている場合は、伴走する仲間をみつけることだ。しかし、仲間はどうやってみつけるのか？ まず、新しいことをやりたいと思っている人を近くで探すこと。噂が入ってくる状況を自分自身でつくり、SNSなどを使うことで聞き耳をしっかりと立てることが大切だろう。少しでも気になったらすぐに会ってお茶でも飲んでみるフットワークの軽さをもち、自分の興味を語ってみる。それを繰り返すと自ずと仲間になり、小さなことから始めるきっかけが生まれるだろう。ここで媒介になっている一例をお伝えしたい。福井県で約八〇%のシェア率を誇る福井新聞はご存知だろうか？ そのなかに「まちづくり企画班」たるものがあり、ここの活動は取材をする立場からまちづくりを実践する立場として福井という街に関わっており、まさに媒体でありながら媒介となっている希有な存在である。街中にコワーキングスペースを立ち上げたり、「ふくいフードキャラバン」という地元の人たちから食材について学び、みんなでゲストをもてなすイベントを地元のデザイナーたちと組んで開催するなど活動も多岐に渡る。ネタ

『縄文 ZINE』:“縄文とは何か”を考える多様な視点が編み込まれたフリーペーパー。こってりしたデザインが内容にフィットしている(発行:株式会社ニルソンデザイン事務所)

『ドムドム応援マガジン DOMain』:衰退の一途をたどるドムドムハンバーガーの魅力と個性を伝えるカタログ的な編集とデザイン(発行元:ドムドム連合協会　編集:終末トラベラー)

がないならネタをみんなでつくろうという底力が素晴らしいと感じた。これは、新聞社という大きな資本があるからできているのではなく、自分たちが媒介になると決めたからできたのだろう。ローカルメディアは自分たちの代弁者でもあるし、自分たちを突き動かすものでもあると気づかせてくれる素晴らしい活動だ。ところが色々な地域の方とお話をすると、よく聞く悩みベスト1が「地元にデザイナーがいない」なのだ。デザイナーとの出会い方がわからないということが大きな要因だが、これから地域に根ざしたいデザイナーは積極的に、物体だけでなく行為や活動をつくりだし、街の噂になろう。

デザインの役割④今までと違う関係性をつくる

次が最後の役割となる「今までと違う関係性をつくる」だ。紙やウェブ、場であっても、つくり手と想定するユーザーが繋がるものだと考えるところから始まるが、想定するユーザーを越え、縁がないと思っていた人たちに届く方法、届いた先にある未来を考えることが重要である。そのために何をすべきか、理念にそったリアリティのあるデザインをつくることだ。日本中、さまざまなところでローカルメディアが立ち上がっているが、寄せ集めのコンテンツ、既視感のあるデザインが多いと僕は感じている。参考事例として先人の多くのものから学ぶことは大切なことだが、なぜこのようなデザインになったのか、なぜこんなに面白いのだろうとか、つくりあげている人たちの態度や理念を感じて欲しい。学ぶの語源は真似ると言われているが、なんとなくいいね！というところで真似ても想定するユーザーさえも越えられず、目

『ままごと新聞』：劇団ままごとのニュースレター。多様化してきたままごとの活動を継続的に伝えるため、収集したくなるよう号数を大きく配した。また、新聞らしくシンプルで動きのあるエディトリアルデザインとした

（発行元：ままごと　編集：熊井玲　デザイン：UMA/design farm）

指したい未来はやってこないだろう。具体的にリアリティのあるデザインとは、すべてが完璧でなくてよく、自分たちの理念が現れるものが一つでもあることが重要である。それは、ネーミングかもしれない。それは、一枚の写真かもしれない。それは、一つの言葉かもしれない。制作するメンバーでここを話し合うことが大切なんだろう。手前味噌だが、弊社がアートディレクションとデザインを手掛けている『naranara』を例にあげてみる。『naranara』は海外から奈良を訪れるお客さまに「奈良ならでは」の感動を届けるためのバイリンガルのフリーペーパーだ。二〇一二年から開始し、四号を発行。現在、編集長にSlow Cultureの赤司研介さん、編集にMUESUMというチームでゆっくりと制作を続けている。実はこのゆっくりというのが『naranara』にとって重要なことである。一号と二号は奈良の中心市街地や観光地を特集していたこともあり、制作もスムーズで、海外からのお客さまから反響も多くいただいた。しかし、三号から中山間地域の魅力を特集しようとなり、そこで小さな疑問が生まれた。このメディアを手に取った方がその地域に来たとしても英語で対応ができるお店やガイドがいないのだ。ここで編集長は大きな決断をする。英語でガイドができるボランティアチームを結成し、『naranara』の理念でもある「奈良ならでは」の感動を届ける誌面を越えた関係性を構築することを始め、一年以上の準備を経て三号の発行に漕ぎ着けたのである。これによって訪れた人たちだけでなく、地域の人たちにも資源となり、新しい関係が生まれる可能性を提示することができたのだろうと考えている。柔軟に社会を見つめ、今までと違う関係性が生まれそうなときこそ、その瞬間を逃さないようにして欲しい。

『小豆島と茨木／茨木と小豆島』：小豆島町と茨木市が25年間続く姉妹都市関係を深めるフリーペーパー。お互いの魅力を伝え合い、メディアが親善大使の役割を担うことを目指している。地元の子どもたちによる手書きの壁新聞が誌面の愉快さと多様性を演出した（発行元：小豆島町、茨木市　編集：MUESUM　デザイン：UMA/design farm）

『ふくちのちができるまで・紙版』：福智町図書館・歴史資料館「ふくちのち」が完成するまでのプロセスを伝えるフリーペーパー。ウェブサイト「ふくちのちができるまで」を同時並行させ、さまざまなエリアや世代に届ける工夫をした
（発行元：福智町教育委員会 生涯学習課 公民館係　企画：o+h、MUESUM、UMA/design farm、編集：MUESUM　デザイン：UMA/design farm）

ローカルメディアとデザインを考える上で重要なことは「共感」をつくることだろう。書いてきたようにデザインは一方向なものではなく、双方向・多方向にあり、自律性をもった態度そのものだと考えている。その態度が「共感」を生み、つくり伝える力を育むのだろう。魅力的な誌面をつくり、プロセスを組み立て、媒介となるべく一歩を踏み出し、今までと違う関係性をつくりあげて欲しい。

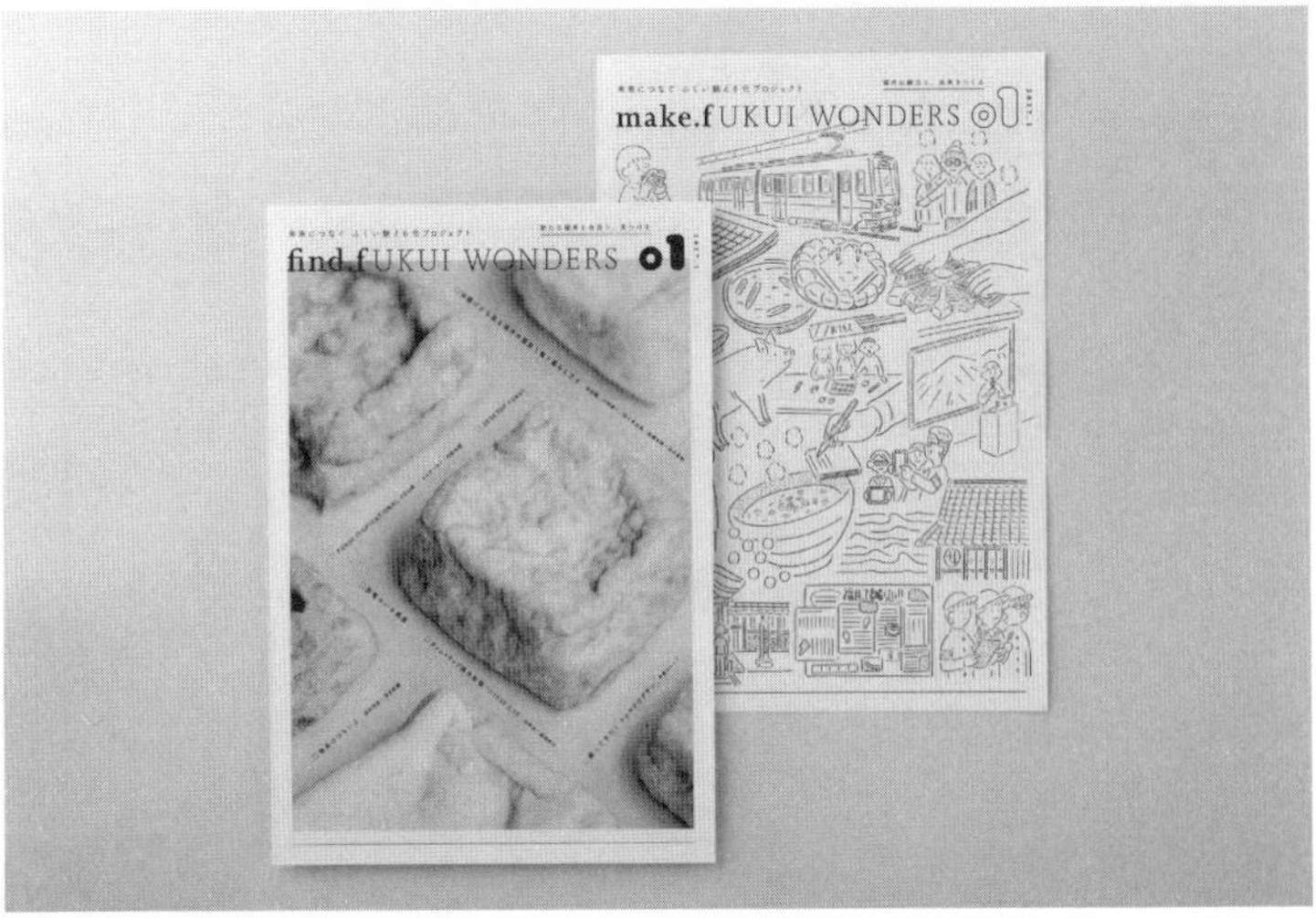

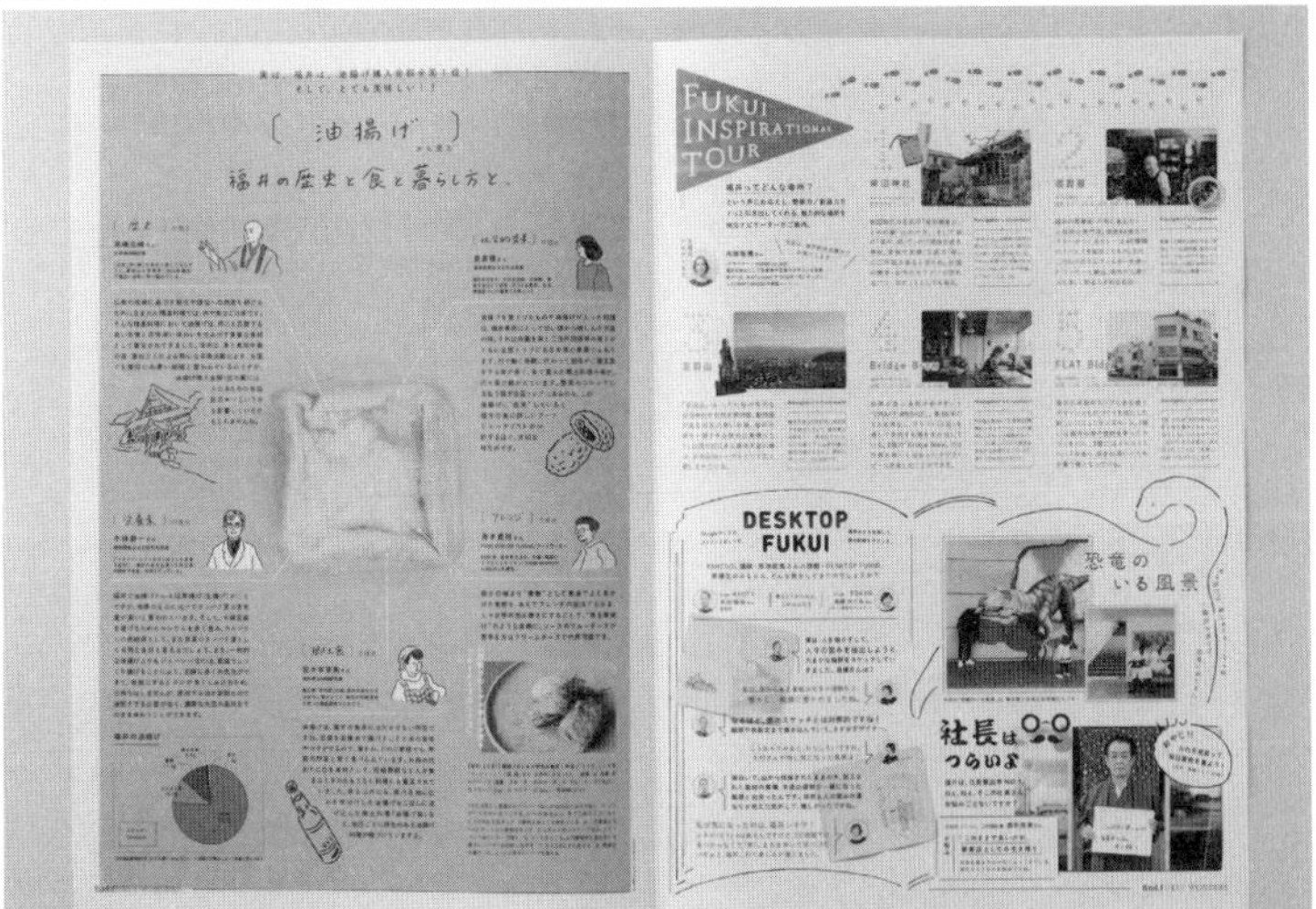

『make.fUKUI / find.fUKUI WONDERS』：未来につなぐ ふくい魅える化プロジェクトの発行物として制作。福井の魅力と未来をつくる記録「make.fUKUI」、新たな福井と出会う、みつける「find.fUKUI」が合本されている。ウェブサイトとも連動し情報発信をしている（発行元：福井市　監修：株式会社 リ・パブリック、株式会社 福井新聞社　編集：MUESUM、デザイン：UMA/design farm）

5 ウェブサイト運営術

——収益をめぐる試行錯誤から

原田一博／『枚方つーしん』編集部

① 地域住民のための雑談ネタマガジン

『枚方つーしん』は、大阪府枚方市（人口：四〇万四三五五人、二〇一七年一〇月現在）に特化したローカルウェブメディアだ。枚方市の特徴としては、大阪と京都の間に位置し、立地がよいこともあって戦後に大規模な住宅団地の開発が行われ、ベッドタウンとして人口が増えてきた背景がある。枚方出身の有名人を挙げてみると、俳優としても活躍するV6の岡田准一、タレントの森脇健児、ロックバンド Janne Da Arc、アンダーグラフなどがいる。また関西ではUSJに次ぐ入園者数を誇るひらかたパークがあるし、

『枚方つーしん』。枚方で一番しんどい坂道ランキングなどの面白記事や開店・閉店情報など身近な内容を毎日７本程度、配信している

書籍販売、CD・DVDレンタルで全国的に有名なTSUTAYAは、この枚方市で創業されている。

『枚方つーしん』は、そんな枚方市というエリアに特化した、枚方市民にしか分からないような雑談ネタ、例えば「○○のコンビニが閉店していた」というような開店・閉店情報や、グルメ情報、お店紹介など、身近な情報を毎日七本程度配信している。

スタートは二〇〇八年、現在の編集長本田一馬が個人ブログとして立ち上げた。それを二〇一〇年に法人化して事業展開し、現在の運営体制になった。本田が元お笑い芸人ということもあって、枚方での認知度が高まるにつれ、枚方市の広報誌はじめ、テレビ、雑誌、新聞などのメディアに取り上げられる機会が多くなり、アクセスは順調に増えた。現在、月間三〇〇万PV、四五万UUま

同年代のスタッフ15名でウェブサイト、コワーキングスペース、ひらつー不動産、イベント事業などを運営している

で成長している。この間、私は編集長の相方として事業運営に力を注いできた。スタッフは現在一五名。『枚方つーしん』のローカルメディア事業を柱とし、地域との関わりでは手づくり市（マルシェ）の運営や運営支援を行うイベント事業にも取り組んでいる。ネットだけでなくリアルな場所づくりをめざして、二〇一六年にはコワーキングスペースの運営を開始した。それぞれの事業ごとにライターなどの役割は決まっているが、イベント事業のスタッフが『枚方つーしん』に記事を書くこともある。

収益をめぐる試行錯誤①バナー広告からのスタート

そんな『枚方つーしん』の主な収益は広告収益だ。『枚方つーしん』を始めるそもそものきっかけは、自分たちが地元で欲しいと思う情報が少なかったことにあるのだが、運営を続けるためには当然、収益面も考えておかねばならない。そこで枚方市内の各駅の構内に看板広告が多数掲示されていたので、それらの一部でもサイトにバナー広告を出稿してもらえればやっていけるのではないかと考え、始めた。

実際、初期の広告収益はウェブメディアの定番、バナー広告掲載によるものだった。開始当初はGoogleAdSenseを掲示するところからはじめ、「広告募集中」とサイト内に掲載したところ、二年目から本当に少しずつだがバナー広告の申し込みが入りはじめた。

しかし、バナー広告は分かりやすくて始めやすい利点がある一方で、掲載スペースの問題や表示回数

（インプレッション）、クリック数による価格決定要素が大きいため、アクセスが十分でない初期は収益への貢献度は非常に低かった。またその頃は、広告はバナーに限定していたため、記事自体を広告にするという考えもまだなかった。

初期のこの体験や他地域の運営者の話を聞く限り、ローカルウェブメディア事業で一年目からの収益化をしていくのはかなり厳しい。長期的な事業の経営を考えるのであれば、三年間は収益ゼロでもやっていけるくらいの心づもりが必要だろう。

そのための資金を用意する、他の仕事もしながら生活するだけの収入を確保しておかないと、記事の更新頻度が減る、コンテンツのクオリティが落ちるなどして、焦りが生じ、結果、会社運営に悪影響を与えてしまう。

収益をめぐる試行錯誤②読んで良かった、と思える記事広告づくり

毎月アクセスが増えていくに連れて、少しずつ広告掲載への問い合わせが増え始めると、今度は「有料でもいいから記事で紹介してもらえないか」という声が寄せられてきた。しかし、広告記事をつくることに抵抗があって乗り気になれず、当初の「記事広告」はあくまで先方からの素材持ち込みのみとして、我々による編集はしないと、ＰＲ記事と取材記事をはっきり分けていた。

一方、バナー広告にも問題点があった。リンク先のページは広告主が用意したものであるため、内容が

十分でない場合がある。『枚方つーしん』から多くのアクセスを広告主のサイトに送っても、行動を起こすための十分な情報でないため成果に繋がらないのではないかと感じるケースが少なくなかった。しかもそれが、広告主にとっては『枚方つーしん』が原因で反響がない、という評価になってしまう。そこにジレンマを感じていた。

事業を展開していくためには広告が必要となる。社内でかなりの議論を重ねて、記事広告を本格的に展開していくことを決めた。

大きなポイントとしては、できる限り『枚方つーしん』色を出す。広告であっても読みたいと思える記事をつくることを目標に、企画、取材、製作と通常の取材記事以上に力を入れて広告記事をつくっていった。読み終えた後に面白い、そして情報としても読んで良かったと思ってもらえるよう意識したこ

打合せ中のひらつー広告チーム

とで、徐々に記事広告という〝商品〟ができ上がっていった。

② 広告記事づくりに必要な四つのポイント

①自分自身が興味のある分野で広告主を得る

広告を獲得していく上で後になって重要なポイントだと気づいたことがいくつかある。

まず、我々運営者自身が興味のある分野で広告主を獲得することである。我々も初期は「ぐるなび」や「ホットペッパー」の急成長ぶりに影響されて、特に関心があるわけでもなかった「飲食店」を広告主として狙ってみた。だが、私自身がもともと持病の影響もあってあまり食に縁がなく、飲食店向けの広告イメージを強く持てずにいた。そのためか全く飲食店の広告を増やすことができなかったのである。

一方、個人的に非常に興味があったのが不動産で、普段から事業とは関係なく物件情報を気にしては見ていた。そのうち『枚方つーしん』で何か面白い物件を面白く紹介できないかと思いたち、賃貸業者に協力いただいて物件紹介を始めたのが「ひらつー不動産」である。

それを見た地元の分譲会社から「うちも有料でいいので同じような形で紹介して欲しい」と言われて掲載を始めると、さらに地元の不動産会社から続々と広告の申込が集まった。

わざわざPR（広告）することを意識しなくても、不動産好きが高じて、かなり細かいところまで物件の紹介をしたことと、少しふざけた要素もあったので従来の不動産ポータルとは異なる特徴を結果的に打ち出せたのが良かった。

こんな風に、自分が興味のある分野でなら、無理なくむしろ自然に色々な可能性を見つけることができるが、景気のよい業界だから、他社がうまくいっているからという理由で取り組むと前例をコピーして終わってしまい、そのジャンルが持つ可能性を拡げることが難しい。どの分野の広告主をターゲットにするかを考えるとき、自分たちとの相性は重要だ。

②相手の広告予算を理解する

二つ目は広告主の広告予算を理解することである。当たり前に感じるかもしれないが、広告予算のない企業から広告を獲得すること

こんにちは、ばばっち@ひらつーです
今回は株式会社トラスティ飛鳥さんから、トラストプレイス春日元町をドラマ仕立てでご紹介します！！
その名も
『家なし子』

ひらつー不動産の物件紹介記事。一つひとつの物件にストーリーをつけて面白く丁寧に紹介する。この物件は、家を探す少女「家なし子」が駅前に降り立ってから、地元の店や人に出会いながら敷地にたどり着くという設定で紹介した

は難しい。ウェブに限らず、ローカルメディアの収益化を難しくしてしまうポイントがあるとすれば、広告予算の少ない、または全くない個人店や中小の事業者へアプローチすることだろう。しかも、広告を出せば必ず反響があるというものでもない。

もともと広告予算が十分にあり、定期的に広告を出せるところはその効果や重要性を理解しているので、ある程度のスパンで広告出稿を続けてくれる。しかし広告を出し慣れていない中小規模の事業者は、反響と費用に対して敏感にならざるを得ない。

これはよい、悪いの話ではなく、需要と供給の話である。需要がなければどんなに素晴らしい広告でも売ることはできない。初期のスタッフ数も少なく、限られたリソースで運営している場合はなおさら、需要をつくり出すよりも需要があるところにターゲットを絞ることが収益化への第一歩だ。

例えば、広告を出稿してくれる可能性のある企業の探し方の一例として、運営地域の企業ホームページを見ることをおすすめする。運営地域のどんな企業がどんな媒体に広告を出しているのかは、収益化する上で知っておくべきだろう。

そのなかで、ホームページの内容が充実しているところは、ネット広告に興味を持つところが多い。またホームページがつくり込まれていない企業でも、名前の知られた企業は、これからネットに取り組んで行こうと思っている可能性が高い。『枚方つーしん』の場合は、この過程で不動産という分野を掘り下げたことが収益化につながった。

③広告営業は記事にさせる

三つ目は、広告記事こそが最強の営業マンである、ということだ。「どうやって営業をしているのですか？」という質問をよくいただくが、実際のところ営業はあまりしていない。営業していないのに、広告が増えていくのは、人が営業をしていないだけで、記事広告という優秀な「営業マン」が毎日、『枚方つーしん』という媒体上で営業をしてくれているからなのだ。

ローカルウェブメディアにおける広告は、折込チラシやタウン誌など紙媒体への広告出稿に比べると、まだまだ一般的ではないだろう。だからこそ、どんな風に広告が掲載されるか、そのイメージは大事だ。

実際、広告の申し込みの際には「○○（企業名）のような感じでうちも記事をつくって欲しい」という依頼がとても多い。過去の記事広告は、クライアントにとってよい実例となっているので、問い合わせの際には掲載事例として、ターゲットや読者データを説明する媒体資料と一緒に送付している。記事広告のイメージが掴みやすくなり、広告出稿のハードルが下がっているように感じる。

とにかく初期は無料でも割引価格でもいいので、まずは広告記事があるということをどんどん発信して知ってもらうことが結果的には、最も効果の高い営業になる。

④メディア自体、記事自体がちゃんと面白いか

広告営業について、いろいろと述べたが、広告づくりで最も重要なことは、通常記事を含めメディア自

体が面白いこと、毎日読みたくなるメディアであることを心がけることだ。潜在的な広告主は読者のなかにいる。つまり、その読者（事業主）を広告主に転換できるかが大事で、広告主自身が読者として面白いと思えないものには、自然に「誰が見ているの？」という疑問が湧くだろうし、広告を出したいとは思わないだろう。

まずは面白い記事が読める面白いサイトだと認識してもらい、そのうえで広告記事もやっていることを知ってもらいたい。その時に、どんな広告が掲載されるのか、イメージできないものにも広告は出しにくい。広告募集ページには、シンプルでもよいので価格や申込方法などをできる限り書いておいたり、電話での問い合わせ先も明示しておくなど、ネットだからという考えに縛られずにハードルを下げる工夫は必要である。このあたりのことが、広告づくりにおいては重要だと思う。

『枚方つーしん』の収益化の重要なポイントは、こうやって少しずつ積み上げてきた知名度の浸透によるところが大きい。

③ ブランド力を活かして、広告以外の収益源を探す

ブランドが確立されて来れば、その後は記事をどう収益化していくかを考えることに集中できる。前述の不動産の広告記事の場合、我々が書いた記事そのものがクライアントの不動産会社にとっては宣伝広告

であり、そこに広告料が支払われ、我々の収益になる。

ただ、広告が多くなり過ぎるとブランド価値を毀損する恐れがあるので、広告記事は記事全体の二、三割に抑えるようにしている。とはいえ、収益化の要なので、通常記事に比べると時間も人員は惜しまず使っている。

ところで、地域によっては十分な広告主が確保できない場合が少なくないだろう。その場合、広告を出稿してもらうのではなく、自分たちでイベントや物販、マッチングなどを行い、収益を図ることも一つのアイデアだ。イベントであれば記事は告知記事に変わり、入場料や出店料などが収益になる。EC（物販）であれば記事は販売記事に変わり、販売売上や販売手数料が収益になる。マッチングの場合は、記事は紹介記事に変わり、人や場所をマッチングすることができれば紹介手数料などが収益になる。実際に弊社では、閉店した店舗の店主から依頼を受けて新しくお店をやりたい人をマッチングしたことがある。成功報酬なので、掲載しても収益に繋がらないリスクもあるが、決まれば大きな収益になることもある。このように記事は広告だけではなく、さまざまな収益化の可能性を秘めている。

実際、弊社ではイベントやコワーキングスペースを運営している。イベントを主催、共催したり、委託を受けることで、運営委託費、出店料、入場料（参加費）、協賛金などの収益を得られる。イベントで一番難しいのは集客だ。どんなに素晴らしい魅力的なイベントも知られていなければ、来場者は集まらない。そこで通常は広告費を払ってイベント告知をする必要があるが、『枚方つーしん』上で告知をすれば広告宣

枚方家具団地協同組合からの委託で企画・開催した家具団地でのマルシェ。家具の出店だけでなく、テントや遊具、ワークショップなど約 70 ブースが出店した

『枚方つーしん』が運営するコワーキングスペース。会員約 30 名、44 席のスペースがある

伝費がかからないため、その分利益が大きくなる。

広告宣伝費をあまりかけずに集客ができれば、イベントは収益化という面でポテンシャルが高い。ただし、企画の中味次第でもあるし、人手と手間もかかるため、大変な割に収益面は散々という可能性があるのもまた事実である。『枚方つーしん』のブランド力を生かして、読者をイベントへの参加者、出店者に変えることができるかが、収益化への鍵だろう。

コワーキングスペースは、『枚方つーしん』が運営していることを前面に出し、記事上で利用者の募集を行っている。仕事場としての利用の他に、会員間の交流を大事にしており交流会を定期的に開催。また会員が先生となり自身のスキルを教える「ひらがく」は学びの場と会員獲得につながっている。

現在三〇名ほどの会員がおり四四席のスペースは毎日賑わっている。こちらも広告収入にはならないが、コワーキングスペースの利用者が増えると利用料収入が増えて利益になる。こちらは読者をいかに利用者に変えることができるかが鍵になる。

以上のように『枚方つーしん』では、記事をいかに収益化に結びつけるかというところを考えなら日々、事業運営を行っている。改めて、サイトのオリジナリティと記事の質こそが、ローカルウェブメディアのブランド力を高め、運営に結びついていることを実感する。

6 取材&インタビュー術

——街の人の素の声を聞きとるには

成田希／星羊社・『はま太郎』編集長

① 街の小さなふたり出版社、一からの立ち上げ

横浜の関内駅前イセザキモール入り口の、一九二六（大正一五）年築のビルに入居し、出版社「星羊社」を立ち上げたのは二〇一三年八月。関東大震災の直後に建てられ、横浜大空襲も乗り越えた伊勢佐木町のレトロビルは、戦前から界隈の繁華街の発展ぶりを見つめ続けてきた。会社設立当初は、こんな本をつくりたいという明確なビジョンはなかったのだが、その一室を借りられたことで、自然と方向性は決まっていったように思う。

横浜の下町の酒場文化を綴った地域情報誌『はま太郎』が創刊したのは、二〇一三年一二月のこと。地道に刊行し続け、二〇一七年一二月の時点で一四号まで刊行している。

星羊社は夫婦ふたり会社という形式をとり、代表の星山健太郎とともに、取材から執筆、編集、刊行後の営業までをすべて自分たちでこなす。家内制手工業さながらの経営スタイルだ。

会社立ち上げ前は、学術出版を中心としたとある中小企業の出版社で編集アシスタントを経験したあと、フリーライターとして三年ほど働いていた。出版に関して全く知識がないところからスタートしたわけではないのだが、自社媒体を一から立ち上げ、本をつくり根付かせていくために要した努力については当初の想像の域を超えていた。

雑誌が全く無名であるがためにかかる労力、縁故

オフィスのはいるイセビル

がなく立ち上げたための情報網の弱さ、また、大手出版社と同列に見られてしまうことで生じる取材相手とのコミュニケーション不足…など、数えると枚挙にいとまがないのだが、刊行から四年が経ち、まだ未熟な部分は多いにせよ、自分たちなりに街の人の素の声を記事に起こす手法が工夫されてきているように思う。

地域性に着目して企画を考え、オファーする

酒場取材をする場合、「うちなんか取材しても大した話は出てこないし、意味がないと思う」と言われてしまうことがある。「有名店でもないし、ただ長く続けているだけのお店ですよ。記事にするようなネタなんてないと思うんです」と言うのだ。体よく取材を断っている場合もあるのだが、謙遜で言っている場合も多い。そんなときの見極めは非常に難

横浜の下町の酒場文化を綴る地域情報誌『はま太郎』。2013年12月創刊

しいが、私たちが記事にしたいのは、「美味い！安い！横浜のグルメ」などというキャッチフレーズで綴るような情報ではない、ということをバックナンバーを示しながら説明している。

私たちが聞きたいのは、例えば、「下町の洋食店で親子三代にわたって守られていたデミグラスソースが持つ香りの理由」、「こぼれた酒やたばこの煙をたくさん吸い込んで飴色になった酒場のカウンターテーブルの変遷」、「戦前からランドマークとして存在し続けたビルの地下から発見された壁画の所以」…のようなこと。

これらは地元で生活し、何気なく日々定点観測し続けている住人だからこそ価値を見いだし、共感できる情報だ。

横浜には「野毛」と呼ばれる闇市から発展した繁華街がある。『はま太郎』において想定している読者

闇市から発展した繁華街、野毛小路

層は「横浜在住の五〇歳以上のひとり酒を趣味にする男性」ということもあり、度々野毛を訪れては、酒場に居合わせた常連客との会話のなかで、企画を練っていく。私が地元出身ではないからこそ、町のリアルを知るうえで欠かせない方法だ。

率直に感じたのが、横浜の人は、西洋文化発祥の地としての横浜に誇りを持ちつつも、生活の匂いが漂う庶民的な街の一面に対して思い入れが強いということだった。現在のみなとみらいエリアに三菱重工横浜造船所（通称「ドック」）があって、ドック村が形成されていたころの町の賑わいを思い返す人、中村川にたくさんの艀（ハシケ）が停泊し、そのなかで暮らしていた水上生活者たちについて語る人。人口三七〇万人を抱え、日々目まぐるしく変化していく町だが、地元の人が捉える町の原風景、「つくり込まれていない素顔の横浜」を酒場で確認し共有

取材道具。ペン、ノート、ICレコーダー、スキャナーとスマートフォン

し合うことで、読者層の感覚に寄り添った内容を目指す。

取材先の人々とも、そんな横浜の町に対する思いを共感し合うことで、記事の内容が決まっていくように思う。

取材にあたっては周辺を取り巻く環境や、町の歴史を調べて臨むようにしている。例えば、「かつて周辺には港湾労働者の簡易宿泊施設が多かった」というようなエピソードを調べていくと、今は料亭のような風情の店にも、威勢のよい飲兵衛たちを相手に毅然と店を切り盛りしていた先代の女店主の姿が浮かび上がってきたりもする。現・店主の人柄を知るための手掛かりにもなる。

また、スキャナーを持参して、可能な限りでお店の変遷をおさめた写真を年代別で見せてもらい、データを残す。写真をもとに思い出話から探っていくことも多い。撮影当時の酒や肴の価格からわかる庶民文化や地元の人も忘れかけていたようなエピソードが発覚することも度々ある。

長年そこに住んでいた人たちが「なんてことのない日常」と捉えていた事実のなかにこそ、ノスタルジーを覚える仕掛けがあったりする。それをネタとして「今だからこそ目新しく感じられる」と思えるかどうか、そしてそのニュアンスを取材先に伝えられるかどうかがインタビューでは重要になってくると思う。

② 取材から本ができあがるまでに一貫していること

①「個人」対「個人」として接する

取材のオファーから本になるまでの過程で、一貫して守っていることは、「出版社（あるいはチーム）対店」という構図ではなく、同じ地域に生きる「個人対個人」であるという姿勢を忘れないようにすることだ。

オファーから取材までスムーズに運ぶのは、取材先と共通の知人の紹介がある場合だが、これも個人としての信頼関係があればこそ頼れる手段だ。例えば、創刊号から連載し続けている「市民酒場組合」という横浜ならではの老舗飲食店組合の歴史と酒肴をめぐるという主軸企画では、創刊号で取材した市民酒場Aの店主が自分たちの出版物に興味を抱いてくれ、市民酒場Bの店主を紹介してくれた。ただ、媒体が無名であるし、これまでBの店主が取材そのものを経験したことがなかったため、我々が挨拶に訪れた次の日にBからAの店主へ不安を打ち明ける電話があったらしい。ともあれ、なんとか取材がうまくいったのは、Aの店主によるフォローがあったからだ。

②会いに行くこと、説明することに労を惜しまない

また、プライベートで訪れている店を取材したいと思うことも度々ある。誰からの紹介もなく、それまで出版社を営んでいることを店主に全く告げていない場合は、無名な雑誌に興味をもってもらえるように時間をかける必要がある。創刊当初ほどではないにしても、『はま太郎』のことを知らない店主がほとんどなので、媒体と取材意図の説明から始まり、オファーをするまでの過程には惜しまず労力を費やす。

「実は、こういう本をふたりでつくっているんです」という自己紹介から始まり記事を書かせてもらうまでに、最低三回は通うように心がけている。突然のオファーに対しては、まれに即快諾してくれる店主もいれば、それまで客として訪れていたという実績があったとしても、驚かれたり躊躇したり、さらには「お金を取られるのでは」と、警戒してしまう店主だっている。

③自分の人間性を少しずつ出していく

私にとっては、取材のオファーが何よりも緊張する過程だ。敬愛する編集者が「試合前のボクサーのような気持ち」と述べていたが、まさにぴったりの表現である。相手の体調がたまたま悪く乗り気ではない場合もあるし、私のふとした発言で印象が悪くなってしまうこともあるだろう。たとえ取材を許可してもらったとしても、ひとつボタンをかけ違うことで、全く違う返答が待っていることもある。取材を受けるかどうかの自由はあくまで相手にあるのだ。だからこそ、「会いに行く」という気持ちで通う行為を大切に

したい。

そのなかで差支えのない会話をしつつ、店主のキャラクターやお店の個性を確認していくと同時に、自分の人間性を少しずつ出していくのも大切な工程である。

取材する店が家族経営の場合は、弊社もそうであること、大手と比べたときの効率の悪さについてなど、ときには自虐も交えつつ自営業ならではの苦労を共有したりもする。

④なるべく負担のない方法、時間帯で

そして、いざ取材を打診するときは初心を思い返すようにする。取材を重ねていくうえで、忘れてしまいがちになるのだが、取材相手にとって小さい地域情報誌に掲載されたことで得られるメリットは決して大きいものではない。一方で、私たちがつくり

都橋商店街

たい本のために割かれる時間は貴重である。「なるべく負担のない方法、時間帯で」と伝えるようにして、取材に対する面倒くささそうなイメージを少しでも払拭できるように働きかけるが、相手が高齢だったりすると今ある穏やかな生活を守りたいと思っているパターンもある。また、最大限に配慮したとしても、お店の方針として断られてしまうことや、広告営業と勘違いされ誤解が解けないままあきらめざるを得ないこともある。そんな場合も、同じ地域に生きる「個人対個人」という原点に立ち返ることができれば、誰かに無理をさせてつくり上げていくことに意味がないという答えに帰着する。

⑤失敗しても悔やまない

失敗してもあまり落胆しすぎないことが肝心だ。取材が成功したかどうかに関わらず、同じ地域に住む以上、これから先も人間関係は続いていき、また違うタイミングで以前とは全く違う印象をもって再会する機会もあるからだ。

③ 取材方法

①いいインタビュー

いいインタビューができるかどうかは、相手がいかに自然体でいられるかという点に尽きると思っている。イメージとしてはご近所さんと雑談するような雰囲気づくりを心がけている。

例えば、誰しも録音されることを前提にしては身構えてしまうだろうと思うので、取材の最中はなるべくICレコーダーを使用しない。写真の撮影は会話の流れを遮ってしまうこともあるので、インタビューの中盤以降、場が温まりだしてから頃合いを見て行うようにしている。

取材中はインタビュアーが自分の話ばかりするのはNGとも思われがちだが、取材された経験がない相手に対しては、気楽な話から始めて、自分の経験を例にあげて相手独自の言葉を引き出していく方法も有用だと思う。

②資料も丁寧に扱う

また、前にも述べたが、お店の写真はスキャナー

事務所のようす

を使ってその場で取り込み、現物は持ち帰ることなく返すようにしている。古写真は店主とその家族の宝であり、そこに配慮している姿勢を出すことで記事全体のできあがりについても安心してもらえるのではないかと思う。

③掲載前に原稿を読んでもらう

また、これは弊社独自の方針であるが、記事を掲載前に届け、一読してもらい「何を書かれるのかがわからない」という不安を解消するようにしている。小さな街の出版社の刊行物ではあるが、取材される側にとっては「本になる」という期待とともに抱いているプレッシャーもそれなりに大きいことがある。ちなみに、原稿を見せたとき、気を利かせて校正までしてくれる方もいるので、猫の手も借りたいふたり出版社としては思いがけず大変助かっている。

④ 続けることこそ、地域出版を根付かせる一番の近道

会社と媒体をなんの縁故もなく立ち上げ、地元の人たちと信頼関係を築くことは一朝一夕にはできないと覚悟をしながら活動するなかで、徐々に「同じ土地に根を張り生活している人間同士」としての絆を感じることが増えてきた。取材先の人たちとは家族ぐるみで、ときには一緒に旅行などに出掛けたりするよ

うな関係性に発展しているパターンもある。また、媒体を通して、横浜の書店員、地域情報誌の編集者、地元企業の広報担当、新聞記者と意見を交わす貴重な機会も増えてきた。

『はま太郎』一〇号までは、モノクロ・六〇頁・中綴じミシン製本のミニコミとして刊行し、直取引の形態で販売していた。一〇号までその形態を続け、二〇一五年一二月にそれまでの連載を再編集し、書き下ろし記事を加えた書籍『横濱 市民酒場グルリと』を刊行。そのタイミングで図書コードを取得し、取次を通した販売方法も取り入れた。二〇一六年六月にはページ数を増やしオールカラーにした一一号を、リニューアル版として刊行している。親身になって知恵を出してくれる助っ人執筆者も増え、あらゆる切り口から横浜の街が捉えられ、内容も充実してきている。

先行きが全く見えない不安を抱えながらも、号を重ね、書籍の刊行を経たことでようやく出版社らしくなってきた弊社。二〇一八年八月で五周年を迎えるのだが、刊行へのモチベーションは編集部と媒体が少しずつ成長しているというささやかな実感に支えられている。本づくりへの情熱はとことん強く持ちつつ、地元の人たちと地道に向き合い、淡々と取り組み続けることだけが、媒体を地域に根付かせる近道なのだとひしひしと感じている日々だ。

③ ディテールをつくる

7　文章術と心構え

——誰かではなく「私」が書く

小松理虔／フリーライター・ヘキレキ舎代表

①　ローカルメディアの担い手として

世の中に文章の書き方を教えてくれる書籍は多い。書き方に止まらず、キャッチコピーや見出しのつけ方、編集の術、写真の撮り方など、メディアに関わるさまざまなノウハウがウェブで検索できる時代である。それでもなお本書は「ローカルメディア」について深掘りし、具体的な手法や実践者の声を集めている。私もまた、リアルな担い手の立場から、ローカルメディアに関わる人の心構えなども示したうえで、私なりの文章術のようなものを提示してみたい。

まず簡単に私の自己紹介をしておこう。私は福島県いわき市の小名浜という港町で、ライターや編集、イベント企画、生産者や中小企業の広報業務を支援する仕事をしている。本業以外にも、「UDOK.」というオルタナティブスペースを運営したり、地元の鮮魚店とコラボした食のイベントを企画したりと、いわゆる「地域づくり」的な活動も広く行っている。やっていることが雑多すぎて、自分でも何で食っているのか限定することはできないのだが、やはり仕事の軸は「書くこと」を中心にした情報発信だ。

② 記事を書くときの基本形　～地元に新しくできたカフェを取材する場合～

ここではまず、「地元にとあるカフェがオープンしたことを記事化する」という設定で、私が文章を書くうえで基本形にしている構造を紹介していく。その後、中盤から後半にかけて、構造をより魅力的に見せるローカルならではの文章のデザイン方法について検討し、最後に、ローカルメディアをつくるうえでの心構えなどを提示してみたい。私のような人間が上から目線でアドバイスできるようなものは多くない。自分ではこう考えている、このように実践している、ということを示すだけだ。

私は、書き手としてのキャリアをテレビ局の記者としてスタートさせた。だから私にとって原稿とは「アナウンサーによって読み上げられるもの」を前提としている。だから声に出してすらすらと読み上げられるくらい読みやすい文章でなければ誰も記事を読んでくれない、という妙な危機感が今でもある。自分の個性は着眼点や文脈に込め、文章は極力読みやすく、理解しやすいものに徹する。それが私の基本理

筆者が写真・文章・編集すべてを手がけた「サンマ」の写真集

オルタナティブスペース「UDOK.（雨読）」。地元小名浜の本町銀座商店街の一角にひらいた 20 坪ほどのスペース。ライブハウスとして、芝居小屋として、ミーティングスペースとしてなど、さまざまに活用されている

念であることを踏まえたうえで読み進めていただきたい。

①何がニュースなのか

何かを取材するとして、まず考えなければならないのは、どこにニュース性があるのかということだ。特にローカルメディアにおいては、その出来事が地域とどのように関わっているのか、その地域にとってどのような意味があるのかを考える必要がある。発注元から「これをテーマに書いてくれ」と示される場合もあるが、基本的には自分でニュースバリューを見極めることを心がけたい。

地元にできたカフェを取材するとしよう。その店の価値はどこにあるのだろう。店主の経歴なのか、コーヒーの豆の品質なのか、インテリアなのか。そしてそれら個々の要素が地域とどのようにつながっているのか。商品の産地が地元産なのか、地元の歴史をコンセプトにしているのか、社会課題の解決に役立つものなのか、魅力発信を助けてくれるものなのか、それらを吟味して取材に臨む必要がある。

②四つの基本構造

それでは具体的な記事の書き方について解説していく。私は、記事を「情報」「描写」「物語」「私見」の四つの構造に分けている。基本的にはこの四つを組み合わせ、長短のバランスをとりながら文章をつなぎ合わせていく。

(1)情報――情報は、記事の軸となる部分だ。構成要件は「5W1H」。いつ、どこで、何が、どのように、何のためにそれをしたのか、基本的な情報を書く。新聞記事のようなイメージだろうか。例えば、カフェがいつオープンし、店主は誰で、どのような店名で、何が提供され、価格はいくらくらいで、店内はどのような様子で、何のために店がつくられたのか。地域性の強い「名詞」を意識しながら書いてみると、ローカル色も濃くなる。

(2)描写――描写は、その場面を想像できるような部分である。コーヒーから湯気が立ち上っていることや、店主がパンを焼き始める時の時計の針が午前二時であること。遠くに磐梯山《ばんだいさん》が見えることや、太平洋を見渡せる高台から遠くにタンカーが見えることなど、登場人物と場所、そして風景とが結びつく部分だ。ライフスタイル誌などでは詩的に書いてもいいかもしれない。場面を切り替えたり、テンポを変えたりしたいときにも使えるはずだ。

(3)物語――物語は、「今」だけでなく「過去」や「未来」を提示する部分である。店主の来歴や、その場所がどのような歴史を歩んできたのかを紹介することで、記事に奥行きが生まれる。取材対象者のコメントを紹介したりするのも良い。現在、過去、未来によって中身を構成するのは、テレビの人物ドキュメント番組でも王道だ。今これをしている、過去はこうだった、未来はこのような展望がある。それだけでもインタビュー記事は構成できる。

(4)私見――私見は、マスメディアなどではあまり重要視されないが、ローカルメディアの担い手には個性が必要だと考えている私にとっては大事な部分だ。書き手自身がそのニュースのどこに価値をおいているのか、社会にどのような影響を与えることを期待しているのかなどを意図的に書き込むことで、尻すぼみになりがちな記事の文末に読み応えを持たせることができるはずだ。批評性を高めたコメントを残しても良いだろう。

例文を示してみる。

ひと月ほど前、福島県磐梯町にカフェ「BACCHA」が開店した。ハーブティーを楽しめる店で、滑り出しは好調。休日ともなるとお客が列をなす。商品は全て福島県産で、ヨモギやドクダミなど畑に自生したものも使う。店主は鈴木鈴子さん（情報）。人気の秘訣を伺いにお店に立ち寄ると、黒縁めがねの鈴子さんが優しく迎えてくれ、目の前でヨモギ茶を入れてくれた。磐梯山のシルエットが描かれたマグカップから、優しく湯気が上がる（描写）。鈴子さんに話を伺うと、鈴子さんがかつて銀行員をしていたこと、残業続きで体も心も疲れ果ててしまっていたこと、鈴子さんを癒したのが祖母のヨモギ茶だったことを教えてくれた。しかし、二年前に愛する祖母が他界。祖母との思い出を探すうち、野草茶カフェを思いついたそうだ。「お茶を入れるたびにばあちゃんを思い出します」と、鈴子さんは優しげな表情で語ってくれた（物語）。私も祖母を思い浮かべると、なぜか自分の地元よりも懐かしさを感じてしまう。その懐かしさはいつも風景と重なり合っている。鈴子さんに頂いたヨモギ茶を自分で入れてみた。祖母の顔と、お店から見えた磐梯山の稜線が目の前に浮かんだ。「ばっちゃ」という存在は、懐かしさとともに地域を結ぶ、いわばローカルの入り口のようなものなのかもしれない（私見）。

四つの構造を入れながら、それっぽい記事を書いてみた。文字数にして五〇〇字ちょい。Twitter に換算すれば四回分にも満たないが、何となく記事になっている。架空の記事であり、基本的な要素だけで構成しているので読み応えがあるわけではないが、情報、描写、物語、私見という四つの構成で文章がつくられていることが分かっていただけたのではないだろうか。

③ローカル要素を付与する

この基本稿をもとに、メディアのテーマやコンセプトにしたがって記事を盛り付けていくと、長文の記事が書ける。例えば、ライフスタイル誌であれば、福島県産の野草や薬草などにこだわっていることなどを厚くしてもいいし、ローカルでの「起業」をテーマにしたメディアなら「銀行員が独立したこと」を厚くしてもいい。ローカルのカフェを特集するものなら「野草カフェ」を推してもいいだろう。メディアの特性に合わせ、何を抽出・凝縮させればいいかを考えてみよう。自ずと見出しやリードも見えてくるはずだ。

言葉選びの中で意識したいのはローカル要素だ。山、川、海など、人々の愛郷心とともにある固有名詞をどんどん使っていきたい。ローカルメディアでは風景写真がよく挿入される。写真とテキストの相乗効果で、その地域の美しさや魅力を伝えていくと、その記事はよりその地域らしいものになっていくだろう。

方言を使ってもいい。人々のインタビューを「標準語」ではなく「方言」で書いてみると、それを読んだ地元の人は、より強い実感を伴いながら記事を読んでくれるに違いない。地域課題を取り上げるメディアや、地域の魅力を再発見するようなメディアにはぴったりだ。かつて石川啄木が故郷の訛りを上野駅に探しに行ったように、方言とは私たちにとってローカルの象徴でもある。私も見出しやキャッチコピーに方言をよく使う。愛郷心をくすぐる何かが、方言に詰まっていると思うからだ。

❸ わかりやすさとは何か

もう一つ大事なことは、繰り返しになるが「わかりやすさ」である。都市部のようにすでにファンが何千と存在し、その人だけで回っていくような媒体なら構わないのかもしれないが、ローカルはそうではない。関心がゼロだった人たちに「一」の関心を持ってもらい、ファンを少しずつつくり出していくことから始めなければいけないことが多い。今まで関心のなかった人たちに「一」の関心を持ってもらうためには、わかりやすさが大事だ。

書く訓練を積んでいないライターが陥りがちなのが「拗らせた文章」である。表現が回りくどく冗長的になってしまい、何が言いたいのかが見えてこない。それを防ぐには、主述をハッキリさせること、一つの文を短くすること、接続詞の使い方を注意すること、何がポイントなのかが強調されていること、声に出してすらすらと読めることである。

文章が長くなると主述がわかりにくくなり、また同時に、声に出しても読みにくい。接続詞が適切でないと、前後のつながりが崩れて文脈が掴めなくなる。文章は声に出しても読めるくらいに短く、わかりやすく。それを心がけてみると、一気に記事の趣旨が明確になる。辞書を開かなければわからないような言葉を使う必要はない。難しい地域課題を紹介するような記事だとしても、中学生くらいでも十分理解できるような言葉選びを意識したい。

「私」が書く

私がわかりやすさを文章に求めるのには、もう一つ理由がある。わかる人にしかわからないような文章を書いたところで世の中が変わらないからだ。地方都市というのは得てしてコミュニティに流動性がない。これまで力を持ってきた人たちが、今も未来も変わらず力を持ち続けるというような構造がある。ローカルメディアには、この「変わらなさ」をかき回す役割があると私は感じている。既存のコミュニティからは漏れてしまうようなマイノリティをすくい上げ、新しいコミュニティをつくり、担い手を育てていくべきだ。そのためには、尖ったテーマを、わかりやすい文章で書く必要があると思う。

先ほどの四つの構成の最後に「私見」を入れたのも同じ理由だ。変わらない大きな流れに争い、地域に批評的な視点を向けながら、これまでは認められていなかった価値を編集し直し、可視化することで、地域に小さな流れを生み出す。そのために、私は「個人」が意見を表出できる部分を記事につくっている。「私見」を「批評」と言い換えてもいいだろう。

地域では、産業にせよ物産にせよ、都市部の下請け的な存在に甘んじているものが多い。地元の人たちが一生懸命頑張っても、結局、儲けているのは都市部の大企業だったりするわけだ。福島第一原発の事故をもたらしたエネルギー産業などもそうかもしれない。中央からの要請を粛々と受け入れているうちに、地域の文化や歴史が忘れられ、地域のシビックプライドが消失し、いつの間にか、中央から押し付けられた産業が地域の誇りとして上書き更新されてしまう。

ゼロ距離で地域に関わる

地域の文化を自分たちで決定できる能力を育んでいかなければ、地域はあっという間に独自性を失い、国の下部組織のようなものになってしまうだろう。そんな流れに抗うためにこそ、ローカルメディアはつくられるべきだ。コミュニティをかき回し、地域の新しい価値を提示して欲しい。そんな時、既存のマスメディアのように対象と距離を保って取材し、両論併記で公平性を保とうとするのでは不十分だ。メディアの担い手自らが対象とゼロ距離で関わり、社会課題解決や魅力創出の担い手として現場に入って欲しい。ローカルの書き手は、書き手に終わってはいけないのだ。

自分のキャリアを振り返ると私もそうだった。食の情報発信に関わるうち、私自身が「さかなのば」という、鮮魚店で魚料理と酒を楽しもうというイベントを企画するようになったし、地元にある障害者就労移行支援事業所が発行する「ごちゃまぜタイムズ」というウェブマガジンに関わり、日々インタビュー記事をアップするなかで障害や福祉についての理解が深まり、今では、自治体の高齢者福祉のセクションに関わり、「いごく」という媒体の執筆を任せてもらっている。現場に入ると人との繋がりが強くなり、当事者性が高まって発信力も上がる。ローカルの書き手はアクティビストであるべきだ。

もう一つ、大事なことがある。ローカルで書く仕事を続けるための「収入」だ。記事単位で収入を得るのではなく、例えば情報発信全体を年間契約で受けてみたり、写真撮影も含めてSNSの管理をした

さかなのば。月に一度、地元の鮮魚店が「飲める魚屋」となる企画

り、物産品の営業もやってみたりと、業種を限定しないことも必要だろう。結局は、どれも「伝える」「コミュニケーション」ということは同じなのだから。さらに、現金で支払ってもらうのが難しい時は、現物で支払ってもらったり、お互いに仕事を交換しあったりすることもできる。このように、業種と取引先を複数用意することで、収入源を拡散すること。地方では必要なスタイルだと思う。

お金はかけず、とにかく突き抜けた変な企画を立ち上げてみる。それを発信してみる。すると、そこにさまざまな人たちが来てくれ、「こんなことをうちでもできないか」と仕事の相談がやってくる。そこに「書く」ということを織り込み、自分の得意分野で勝負する。その繰り返しだ。私たちは頻繁に営業することができない。新しい仕事が常に次の仕事の営業になるように仕事を設計できると、あとは好

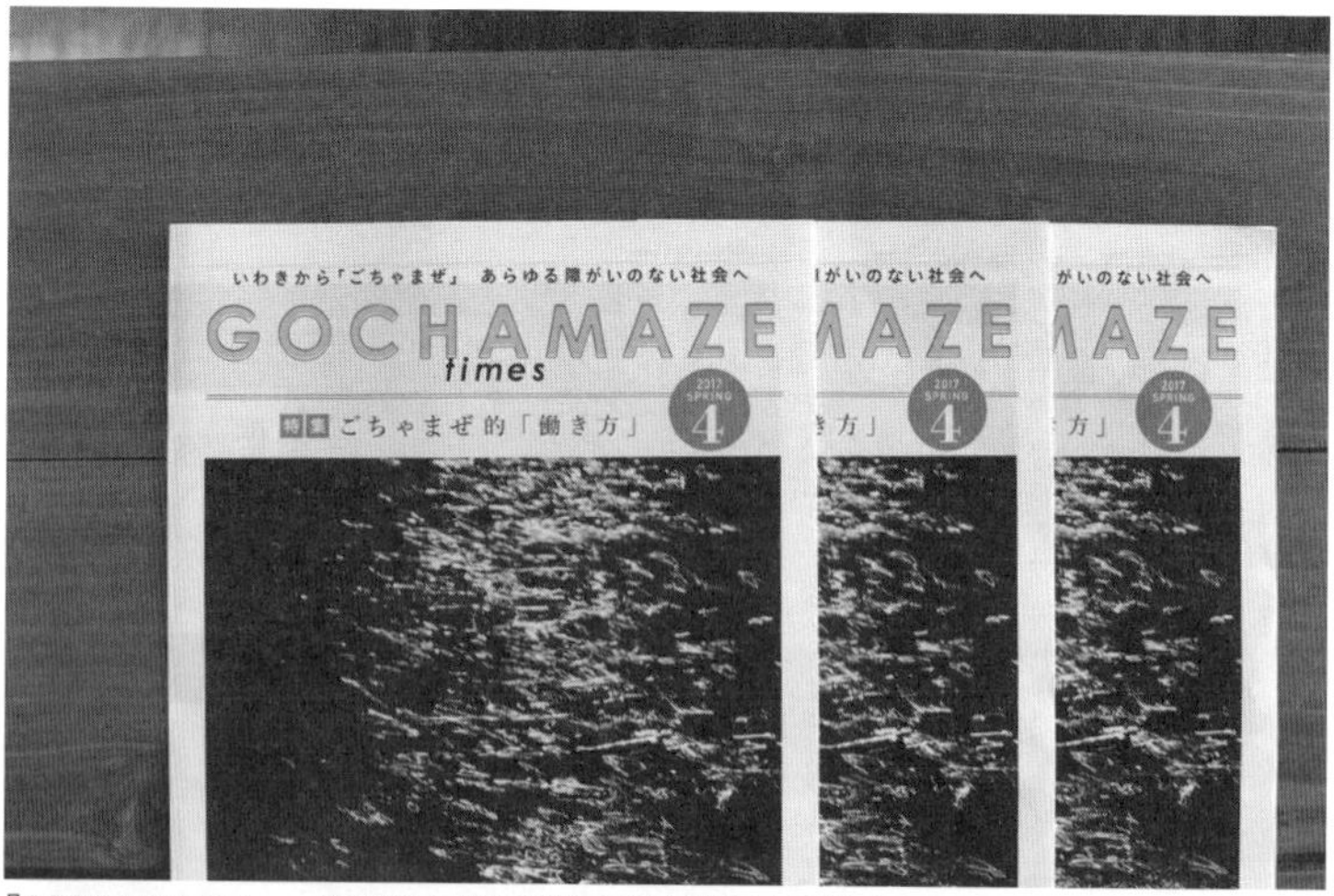

『GOCHAMAZE times』障害者の就労以降支援事業所を運営するNPOのオウンドメディア。NPOの企画やスタッフの声、障害福祉に関わる人へのインタビューなどを発信する

きなことを楽しくやっていたら、なんとなく仕事が舞い込んでくる、という状況が少しずつできてくる。

文章の書き方の基礎を覚えたら、どんどん地域に入っていこう。そのなかで「これは面白い」「これは問題だ」というものを見つけたら、ブログでもなんでもいい。徹底して現場に肉薄し、人と人とをつなげ、地域の文化や歴史にアクセスしながら、アクティビストとして発信していって欲しい。常に活動と発信を繰り返すなかに、私たちの活路も収入も、そして生き様も開かれているはずだ。

『いごく』いわき市役所地域包括ケア推進課が制作する雑誌。高齢者、医療関係者に関わる場所、人、情報を発信する

8 写真の撮り方
——撮り溜めのすすめ

山崎亮／コミュニティデザイナー・studio-L代表

①〝うまい写真〟を撮る七つのコツ

紙であれウェブであれ、ローカルメディアに載せる写真で大事なことは、「瞬間を逃さない」ということだ。例えば建物や風景の場合、ずっとそこに建っているし、そこにあるものなので必要なときに撮りに行けばすむ。ところが、まちづくりのプロジェクトの場合、その時々でないと参加者がいないし、撮り直したくても、その笑顔はもうなかったりする。だからみんなが真剣に話を聞いている時や笑顔の瞬間を、誰かがきっちり撮っておかなければならない。もっと言うと、プロジェクトの打ち合わせ風景や、人が話している様子、何かをやる前の現場を、終わった後に同じ角度、距離で撮ったらこんなふうに変わりましたと比較できるように撮っておくことはかなり大切な作業だ。なんとなく撮っておいてもいいのだが、写真を撮るときのちょっとしたコツを覚えておくと、見栄えのよい写真を撮ることができる。

①カメラの設定をオートにする

うまい写真を撮るための僕が知る限りの秘伝をお伝えしたい。これは二点あって、まずはカメラの設定をオートにすること。カメラには人間の目と一緒で、大きく開くと絞りが開き、小さくすると絞りが狭まるという機構がある。最近はメーカーの人がいろいろ考えてくれたおかげで、ほとんどのカメラでオートに設定すると、人間の目と同じように諸条件によって暗さなどを感知できるようになっている。だから、よほど特殊な表現をしたいとき以外はオートで十分なのである。絞りとかシャッター速度とかホワイトバランスとか、無駄なことは考えなくていい。あとはとにかく撮影すればいい。うまく撮ろうとするより、撮った中からうまくとれたものを選び出そうという気持ちに変えたほうがいいだろう。

今は、一日押しまくってもいっぱいにならないカードがあるので、三〇秒に一枚くらいはシャッターを切る癖をつけてほしい。インターンの大学生にもしょっちゅう言っているのだが、意外とこれがなかなかできない。どうしても二分くらいシャッターを切っていない時がある。三〇秒に一回シャッターを切れば、一日で五〇〇〇枚くらい撮れるので、そのなかから奇跡的にうまく撮れた二〇枚を選んで「ベスト」というフォルダに移しておけばその仕事はおしまい。少し前であればバッテリーのほうが先になくなったものだが、今はバッテリーもかなり持つようになっているので、とにかくひたすらにシャッターを切り続けることが重要なのだ。

②フラッシュは常にオフにしておく

オートにしておくとフラッシュもオートになることが多いのだが、これについてはあとで詳しく説明する。室内でワークショップをする場合は、あまり使わないほうがいい。

③顔の方向に空間を

「その二点だけ守れば撮れます」というのもいささか乱暴なので、事例として僕が撮った写真を見てほしい。

まずは顔の向きと余白。顔の向きと同じ方向に余白をつくるだけでちょっとそれらしい写真になっているのがわかる（例1）。

これが逆に、背後に空間が広く残ったり（写真上）、左側に余白が少ないと（写真下）全体の構図としてバランスが悪くなる。真ん中の場合でも落ち着いて見えるが、目線の方向を空けるように意識するといい。

この時気をつけなければいけないのはシャッターには半分押したところで止める機能があるということ

例１：顔の向いた方向に余白をつくるだけで、目線の方向に奥行ができる
例４：体の向きと顔の向きがずれている方が、動きのある写真が撮れる

だ。例えば、手前の人を撮りたいときは、まず手前側にピントを合わせる。カメラをのぞいた真ん中の部分を手前の人に合わせて半分押すと、そこにピントがあうので、あとは半分押したままちょっと構図をずらしてシャッターを押しこめば、空いた空間にピントがあってしまうことは避けられる。それをせずにシャッターを切ると、だいたい真ん中の空いた空間にピントが合い、手前がぼけてしまう。まずは狙いたい人に合わせて、その後は横に振って押しこむようにしよう。

さらに最近のＡＩが入ったカメラには顔認識機能がついており、顔が写ると周りに枠が出てきて勝手に人の顔にフォーカスしてくれる。どこにずらしてもだいたい顔にピントを合わせてくれる。オートで顔認識機能がついたタイプについては、とにかく構図をつくって、あとはあまり考えずに撮ってしまっていい。

④角度をつける

角度を少し付けるのもいい。上や下から角度を変えて撮ることで表情が変わってくる（例２）。

⑤頭を切る

実は、頭頂部が切れているほうが全体の構図が安定する。プロジェクトの記録を撮るときは人の顔や表情をアップで撮ることが求められるが、そういう場合はなるべく目線に合わせつつも、どの辺で切ろうか考えながらフレームを決めていくのがいいだろう（例３）。

例2：角度をさまざまに変えて撮ると、表情や雰囲気も変わる

例 3：人の表情をアップで撮るときは、頭頂部が切れていると全体の構図が安定する

⑥顔と体の向きが逆

顔と体が同じ向きの写真も悪くないが、動きのある写真を撮ろうと思うなら、体の向きと顔の向き、あるいは視線が少しずれている方がいい。例えば、体は前を向いているが顔は後方を向いている写真が撮れたら、頭の部分を切ってとってしまって、目線の先にタイトルを入れればポスターなり、はがきをつくったりするときの基本の構図ができる（例４）。

⑦光の当たり方

人の顔を撮るときは光の当たり方が重要になる。だから、どこに立ってもらうかというのも重要なのである。オートで暗い室内を撮ると、必ずフラッシュが焚かれてしまうのだが、そうすると凹凸があるところにも光が当たって全体にのっぺりしてしまう。

また、人の後ろに壁などがある場合、影が濃く出てしまい、頭がちょっと大きくなったように見えてしまう場合もある。こういうときは、フラッシュをオフにしておくと少し自然体になる。光があまり入っていないのでブレやすくはなるのだが、フラッシュを正面からバシッと当てた時よりは自然なのだ。

あまりにも光が足りないときは、横から光を当ててやればいい。そうすると、顔の片方に影が出て凹凸がはっきりしてくる。例えば横から光をあててやると、少し明るいところと暗いところの凹凸がはっきりして、最初の真正面からフラッシュを焚いた写真と比べるとかなり、人間的というか、凹凸のはっきりし

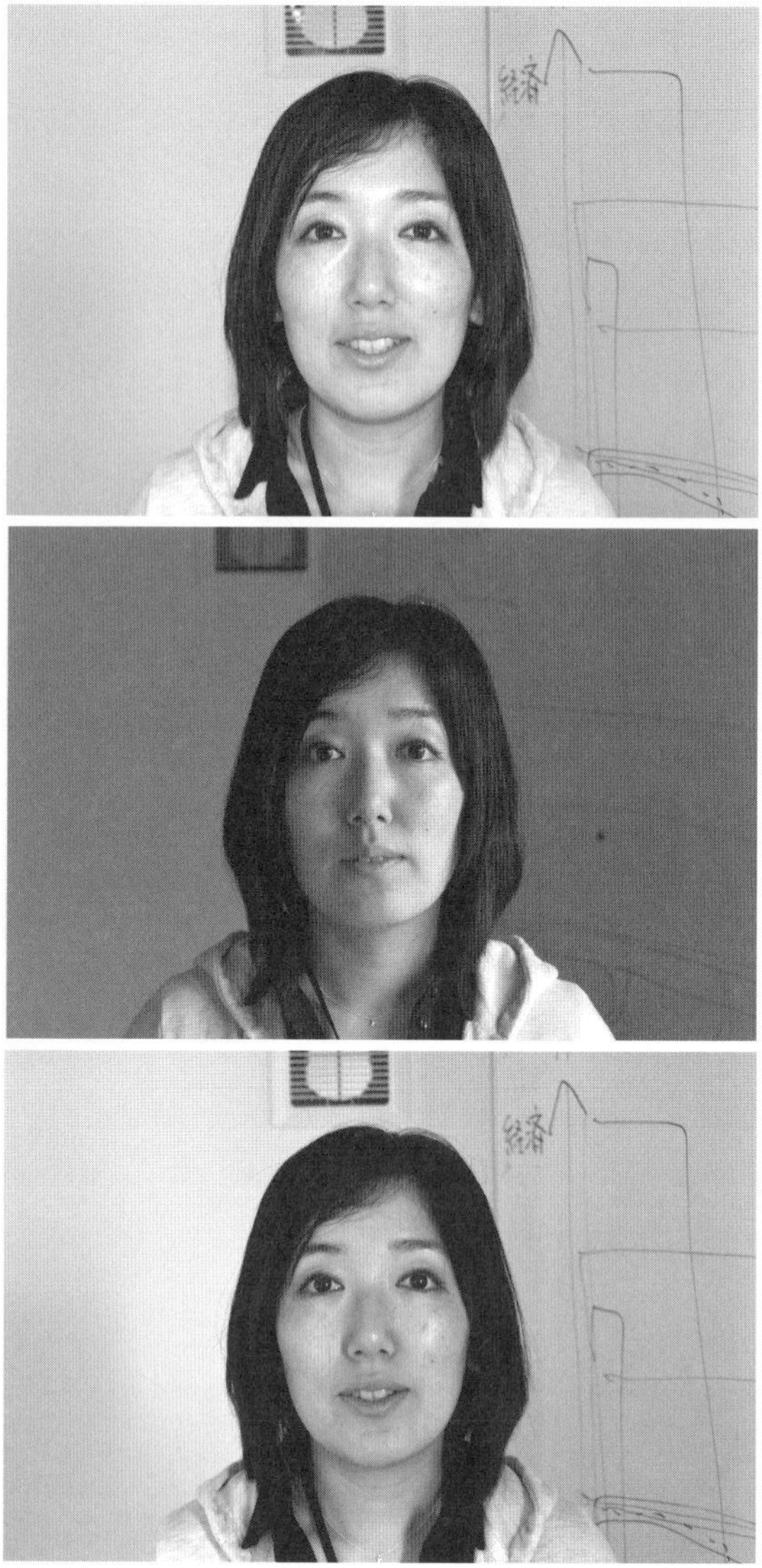

例 5：上から、室内で正面からフラッシュがたかれた場合、フラッシュをオフにした場合、フラッシュをオフにしたまま横から光を当てた場合

た表情がくっきり出てくる（例5）。

多分プロのカメラマンの人たちはこの撮り方を好まないのだが、これが基本だと思っておいたほうがいいだろう。どちらかの角度から光が入ってきている状態が一番顔を立体的に見せることができるのである。ただ、この撮り方が一般的すぎて、これとは違う撮り方をしたいと工夫する人がたくさん出てくるのも事実だ。だから、まずはあまり考えずに、人の顔を撮るときはどちらから光が入ってきているのかをみて、まずはあまり正面を向きすぎないようにして、もし光の角度があるなら、一旦横から光が当たる場所に動いてもらうとか、自分がそっちの方向に移動して撮るようにするとわかりやすくなる。

② 応用編

①逆光を利用する

応用編として、最近はあまり使われなくなったが、逆光を利用する方法がある。人の写真を撮るときは大体順光と言って光がちゃんと正面に当たるように撮るのだが、太陽を背にして撮ることもある。後ろに光がたくさんあると、通常は顔が黒くなってしまうのであまりよくないと言われているのだが、今はパソコンソフトでもいろいろな調整ができる。顔の色が暗ければ全体の明るさをアップさせることもできるのだ。ただ、そうすると顔の部分は明るくなるのだが後ろの色が飛んでしまう。最近の雑誌なんかはこうい

例６：逆光を利用した撮り方

例 7：図書館の花。全体にピントが合っている場合と、植木鉢だけにピントが合った場合

うタイプの写真が多くて、なぜか白っぽく、後ろがすっと抜けている。そういう写真にするなら、何も考えずに撮って、あとでなんとでも直せばいい。記事に載せるときも、楽しそうな雰囲気を出したければ、パソコン上で色を操作するだけで、十分に雰囲気が伝わる写真に変えることができる。プロらしい写真を撮ろうとしなければ、このような手もあるのである（例6）。

基本的なことだが、背景をぼかすのにも撮り方のテクニックが必要となる。これも手ぶれとの戦いなのだが、なるべく撮りたいものから離れ、望遠レンズで近づけてから撮るようにすれば、必ず背景はぼけてくれる。少し難しくなるが、近くても絞りを工夫するやり方もある。ただ、頭で考えながらやると手の動きが鈍るので、三〇秒に一回撮らなきゃいけない場合は、ずっと下がってから、遠くても近いときと同じサイズにして撮るといい。

例えば、ある図書館の花に近づいて撮ると全体にピントが合って、被写体の他にいろんな情報が入ってしまう。このように背景がうるさい状況では、この花自身がくっきり浮かび上がってこない。だから、これを撮りたいと思ったら五メートルくらい後ろに離れ、望遠で先ほどと同じくらいの大きさまで近づくと、植木鉢のみにピントが合った写真が撮れる（例7）。

デジカメには光学ズームという機能がついていて、五倍か六倍ぐらいまでは、寄ると後ろのほうがボケて手前だけくっきり写るようになる。人の顔だけではなく、缶コーヒーやコップ、誰かの作品を撮るときも、そのまま撮るのではなく、少し離れて撮るようにした方がいい。ただし、これをやるときは光がちゃんと入っていることを確認してほしい。望遠で遠いところのものを狙うときはぶれやすい。薄暗いとどうしてもピントが合わずにぼけてしまうのだ。実際は本番前に何度か撮ってみて、ブレていないことをチェックしてから予備で数枚撮るようにするといい。動かせるものであれば、暗いところでそのまま撮らず、明るいところに持って行って、離れてズームで寄って撮るほうが有効だ。

ただ、撮りたいものの数センチ後ろに何か壁があったりするとうまくぼけてくれないので注意してほしい。少なくとも二、三センチ後ろに物がなければ大丈夫だろう。

②フレーム効果1

フレーム効果と呼ばれるものがある。例えば、ワークショップの風景を撮るとき、あえて手前に柱や

例 8,9：ワークショップ風景。参加者だけを撮った場合

角を入れると、「どこかの部屋でやっている」という意味合いが出てくる（例8）。何気なく撮っておくより「ある場所」をイメージさせやすくなるので、手前にあるものを入れて撮るか撮らないかも、その都度判断してほしい。同じく、みんなで話を聞いたり作業をしている写真もいいのだが、手前で話している人を少し入れるだけで前と奥でなにかやっている雰囲気が出てくる（例9）。このように手前のものをわざと入れて全体を写す方法もある。

③フレーム効果2

さらに、三〇秒に一枚撮るなら、同じ被写体でもいくつか別の角度で撮ったほうがいい。例えば同じ発表風景でも、目線が一緒になるより下から煽って撮ったほうが、堂々と発表してい

例 8：ワークショップ風景。手前の柱が入ると「どこかの部屋でやっている」意味合いが出る

るように見える。

　他にはアップにするという方法もある。例えばワークショップでつくるパネルも、全体は入らないけれども手が入っていて一部の文字をきちんと読めるようにしておけば雰囲気が伝わるようになる。この外側に何が書いてあるのかを記録する場合は有効ではないが、このようにみんなで書きながらやったんだということを伝えたい場合は、必ずしも全体像が映らなくてもいい。手前側にペンが映っていたほうが、どういう状況だったのか、その時の雰囲気が伝わることだってあるのだ（例10）。

例9：手前にファシリテーターの後ろ姿を少し取り込んだ場合。手前と奥の関係性や雰囲気が感じれられる

③ その他の心構え

①撮り溜めのススメ

イメージ写真は常に撮り溜めておくのがいい。使えそうなものや、素材になりそうなものはフォルダをつくって撮りためておくと、それに説明文を入れたり加工していくことで最終的に使える素材になる可能性がある。とにかく見つけたらどんどん撮っておこう。

特に、都市部に暮らしていると自然にあふれた写真はなかなか撮れないので二、三万円払って写真の素材屋からレンタルしないといけない。自然が豊かな地域で活動する人たちはわざわざ買わなくても日々撮り溜めておけば、それを貼るだけで紙面を賑やかにすることができる。例えば、ひび

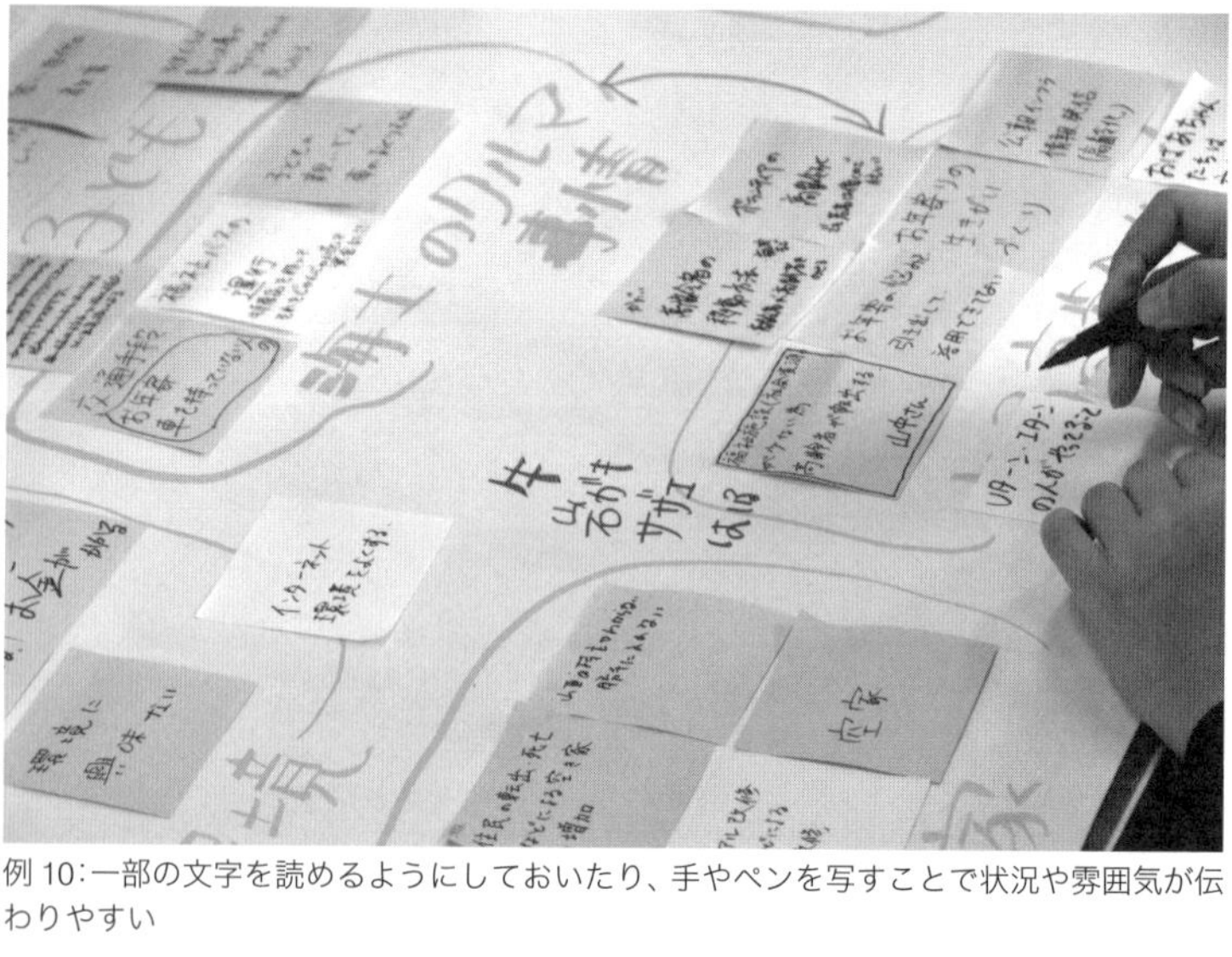

例10:一部の文字を読めるようにしておいたり、手やペンを写すことで状況や雰囲気が伝わりやすい

割れた土壁、刈り取った稲が伸びているところ、あるいは積みあげられた薪、石垣とその上と下の棚田を同じ比率で撮っておけばレイアウトするときに文字を入れやすいなどと思えば、それだけで一〇枚ぐらい撮っていたりもする。石垣だけや、上の棚田と石垣だけ、三つの比率が異なるものなど、何種類も撮って、自分の素材のフォルダの中にいれておくと、すぐ使いやすくなる。丸く光が当たっているような写真も、暗い部分に白抜きで文字を入れやすい素材だ。

特に意識せずに撮っているので、特殊な効果やフィルターは使っていないけれど、被写体を真ん中におくいたり左や右に寄せているから、後から文字を載せるなど、なにかと使いやすい。このように、とにかく使えそうなものをストックしておけば、いざ紙面をつくるときに文章やコピーとあわせてはめ込むだけでビジュアルとしても綺麗で、「これやってみたい」と思わせる説得力のある紙面がつくれるようになる。

まとめると、カメラはオートに設定し、フラッシュは基本的にオフにする。人の顔を撮るときは、顔をどの辺に持っていくか、頭を切るのか、体と顔の向きなどを考えながら、何回か反芻して三〇秒に一枚撮る練習をする。「これだ」という撮り方のフォーマットが自分のなかで落ち着けば、それでずっと撮っていけばいい。そのうち頭で考えなくても、三か所で撮ったら次の写真に行く、みたいな癖が付いてくる。どんどん撮ったら、素材はパソコンの中で整理しておく。使うときは、より効果的なものを選んで記事に盛りこんでいってほしい。

②ノウハウ本は借りてしまう

これは個人的な問題だが、僕は撮影のノウハウ本については借りることにしている。自分が気に入った表現方法ができるとそれで撮るので二度と忘れることはない。理論や事例が入ったタイプならもう一度読みたくなるのでストックしておいたほうがいいが、特にカメラについては一月後には新しい方法が出てきたり、別の機種になると全く使えないことが多々あるので、このあたりはお金を節約して、図書館で借りて読んでいる。あとは体に染み付いてしまえば本を手元においておく必要はないだろう。

④よくある質問

Q：料理を撮るときのコツは？

料理は自分たちが食べる目線になることが基本。机の上に置いて食べる時と同じ目線まで下がってその角度から撮ることで親近感が湧いてくる。また、あまり角度を付けて光をいれると妙な影が入って美味しそうに見えないので、なるべく真上からフラットに光を入れて撮る。撮る角度は斜めだが、光は順光にして撮っていく。背景はなるべく白いものにした方がいいと思う。木目や黒がないほうが、食材の色や透明感が表現しやすくなるので、僕は料理を撮るときは下地は白にして、今からいただきますという目線の角度で、なるべく影を出さないように、ということの三点を気をつけるようにしている。

Q：恥ずかしがり屋の人を撮るコツは？

これは難しい。そもそもインタビューやワークショップで人の写真を撮るときは「写真を撮りますけどいいですか」という話をしておかなければいけない。「いやいや写真なんて」っていう恥ずかしがりやさんはいるが、本当に嫌がっているのか恥ずかしがっているのかは二、三質問してみてから見極めてもよいかもしれない。「どうしてもって言うならいいよ」って言ってくれることもある。ただ、一対一の場合はなかなか難しい。自分一人の場合、喋りながら手を伸ばして横から撮るのも難しい。できれば、撮影係と二人で行って、相手には話に集中してもらい、知らないうちに撮るようしたい。望遠は撮っていることが気づかれないレベルまで下がれるので、一回下がって狙って撮ると背景が綺麗にぼけてくれるし、本人も気がつかず自然体に話しているところを撮ることができる。

あとは友達なんかがそばいてくれるといい。おばあちゃんだったら知り合いと一緒にヒアリングしたり、その人たちがしゃべっている間に撮るチャンスがあれば、全く一対一ではなくなる。例えば誰か通りがかりの人に挨拶して話してもらって、その間にその時の写真を撮る。誰かを使わないと自然な写真はなかなか難しいだろう。

それから、ヒアリングが終わりそうになる後半に撮るのも鉄則だ。最初に撮ると緊張した顔になり、関係性ができていないのでよそよそしい顔になってしまう。前半は捨てるものだと思って、写真に慣れるために二、三枚撮り、あとはヒアリングに徹して、仲良くなって普通に話ができるようになった後に五枚か六枚撮らしてもらうようにすると、使える写真になるはずだ。

Q：動いてる人を撮る場合はどうすればいい？

動いている人の場合、基本的には光の量が重要になってくるので、屋内のスポーツが一番撮りにくい。屋外で晴れている時のスポーツは何も考えずにオートで撮れば、二〇〇〇分の一秒とかいうシャッター速度が早い設定で撮ってくれる。晴れた日の屋外スポーツなら、望遠で寄っていってもブレることはあまりない。子どもが走っている瞬間やボールを打つ瞬間も、かなり速い速度で撮れるが、曇りの日はあまり望遠で遠くから寄り過ぎると、結果的に全部ブレてしまうことになりかねない。連写機能が付いていれば、例えば野球でボールを投げた瞬間からバッターに向けて押しておく。打ってボールが飛んでいくまでずっと撮り続けておいて、あとでボールにバットが当たっている瞬間を一枚抜き出してきてフォルダーに入れておけばよい。機種によって違うが、連写がある場合は動きが早い動物も撮れる。

以上、まずはちょっと引いたところから望遠で缶コーヒーなどを試しに撮ってみて欲しい。人と人で撮りたかったら、立ってもらって遠くから望遠で寄ったときとどう違うのかを試してみよう。結構、離れた方がよい。とにかくまずは撮ってみよう。

3 章

メディアの編集からまちの編集へ

影山裕樹

最寄りの駅でDVDを借りて、漫画を買って帰る。そういう、会社と自宅の往復だけで、それ以外の誰ともコミュニケーションを取らない人が増えている都市はさながら「個の分断」が問題だとすると、地方では「コミュニティの分断」が甚だしいように思う。都市生活者は、ある逃れられないコミュニティ（同級生コミュニティや町内会）からは自由だけれど、地方に行くと、そこからは逃れられない代わりに、異なるコミュニティ同士で同じテーブルについたり、一緒にお酒を呑み交わすことを避ける傾向があるようだ。

では、それらの「異なるコミュニティ」をつなぐにはどうしたらいいか。一つは、「祭り」のようなハレの日がその架け橋を担うだろう。しかし、日常の「ケ」の空間においてはどうだろうか。

ローカルメディアは、日常生活においてこそ分断され、お互いに理解を示さない異なるコミュニティをつなぐ手段である。地方では、特に「世代間」の分断が激しい。そういう、ふだん出会わない世代と出会い、関係をかき混ぜ新たに構築し直すために、メディアは役に立つ。メディアは、コミュニティ同士の〝間〟をつなぐ接着剤なのだ。

かつて、出版文化を成り立たせていたのは、新聞や週刊誌などの定期刊行物だった。そこには文壇、政治家、あらゆる専門業種の知見が投げ込まれ、座談会やコラムを通して平易な言葉で最新の研究成果を大衆にインストールする役割を持っていた。これはテレビの討論会やラジオ番組においても変わらない。アカデミズム、または専門業界内部で蓄積された知恵を、社会に還元する〝窓〟としての役割をマスメディアは担ってきたと思う。また、夕方になればどこの家庭でも、老若男女がちゃぶ台に集まるという前提のもと「8時だヨ！全員集合」よろしく、テレビのバラエティ番組やドラマは、多様な属性を持つ国民を「大衆」として統合する機能を持っていた。

しかし、地上波や新聞の衰退によって、同じメディアから情報を得る市民が分散し、大衆／民衆像が複雑化している現代社会においては、これらマスメディアの影響力は強くなくなってきている。

そんな時代だからこそ、ローカルメディアが面白い。コミュニティ間の移動が難しい地方だからこそ、共通言語を持たない者同士が同じ地域に住んでいることをポジティブに捉え直し、互いに関係を築き上げていくために「メディア」を〝使う〟。異なる意見や立場を持った者たちが一丸となると、それは強いエネルギーになる。大都市のメディアが押し付けてくる価値観ではなく、地元の人同士で議論し尽くした地域像を発信することができる。

ここからは、各地でローカルメディアを運営するNPO、企業、個人の取り組みを紹介していく。それぞれの事例から見えてくるのは、こうしたコミュニティ間の接着剤としてのツール＝メディアの役割だ。ただし課題も人口構成も風土も異なる地域で、鉄と布をくっつけたり、石とプラスチックをくっつける万能の接着剤はない。だからこそ、二章で書かれた、地域ごとに最適化された実践的スキルをもちいて、必要な処方をあみだしていってほしい。

① NPOがつくるメディアとまち——事業を掛け合わせるフットワーク

①情報発信メディアからコミュニティづくりの仕掛け人へ——ヨコハマ経済新聞（横浜市）

◎地域ニュースの発信サイト——みんなの経済新聞ネットワーク

今、全国各地で加盟数が増え続け、ローカルウェブメディアを代表すると言っていい「みんなの経済新聞ネットワーク」（通称「みん経」）。マスメディアで取り上げられる事件、事故などの時事ニュースではなく、近所の店がオープンしたとか、市民発信の面白いイベントが開催されたとか、日常に潜む地域のビジネス、カルチャー情報、ハッピーニュースを取り上げている。

経済新聞はそもそも、渋谷に居を構える花形商品研究所の西樹《にしたてき》さんが二〇〇〇年に「シブヤ経済新聞」を立ち上げたことから始まった。当初は、現在のように全国に仲間を増やす予定はなかったそうだが、やがて二つ目の経済新聞が生まれた。それがNPO法人横浜コミュニティデザイン・ラボ代表理事の杉浦裕樹さんが立ち上げた「ヨコハマ経済新聞」だ。

二〇〇三年に現在のNPOを立ち上げた杉浦さんは、シブヤ経済新聞が立ち上がった二〇〇〇年に、西さんと知り合ったという。

「西さんは本当に渋谷が好きでシブヤ経済新聞を立ち上げたので、今のような全国に広がるネットワークになるとは想定していなかった。よその街から『うちでもやりたい』なんて言われるようになるとは思ってなかったんじゃないかな。二〇〇四年にヨコハマ経済新聞を立ち上げることになったときに、両者で共有できるサーバーをつくり、その後、二〇〇五年に名古屋・栄、六本木、福岡・天神の三つの経済新聞が立ち上がり、二〇〇六年以降、毎年仲間が増えていった。現在、国内だけでも一〇〇以上のネットワークになりました。その間、基本構造は変わらず、すべての経済新聞がこのシステムを活用しています」（杉浦さん）

杉浦さんたちのNPOで現在運営しているメディアは「ヨコハマ経済新聞」と「港北経済新聞」。その他に、関内で自分たちのオフィスも入るコワーキン

『ヨコハマ経済新聞』HP

グスペース「さくらWORKS〈関内〉」やものづくりスペース「ファブラボ関内」を運営する他、企業コンサルティング会社アクセンチュアから支援を受けている、地域課題解決のためのＩＣＴプラットフォーム「LOCAL GOOD YOKOHAMA」や、行政からの委託事業である、地域の多様な主体の対話と共創によって新たな事業やビジネスを創発するプラットフォーム「リビングラボ」の調査研究など、まちづくりやコミュニティづくりに特化した複数の事業を展開している。

◎ＮＰＯ法人横浜コミュニティデザイン・ラボの地域情報発信とコミュニティづくり

そもそも、杉浦さんはなぜ横浜にこだわり、コミュニティづくりや拠点づくりにメディア事業をかけあわせたいと思ったのだろうか。

「僕は小学校の頃からラジオを聞くのが好きで、短波放送とか海外の日本語放送を聞いて育ちました。中学に上がると、アマチュア無線の免許を取ったり。その後、草の根ＢＢＳという、パソコン通信の黎明期が始まって、niftyや日経ミックスなどの商用コンピューター通信が始まった。そういう時代を生きてきたので、仕事にしようとまでは考えていなかったけれど、情報コミュニケーションにもともと関心があったんです」（杉浦さん）

一九九〇年代に入るとインターネットが生まれ、Windows95を皮切りに一般家庭にもパソコンが普及し始めた。その頃、メディアとは関係のない舞台監督の仕事に就いていた杉浦さんは、「神宮前ドットオルグ」という神宮前／原宿地域の地域情報を発信するプロジェクトを知人とともに立ち上げ、渋谷でシェアオフィスとシェアサーバーを借りていた。

「サーバーは当時（二〇〇〇年前後）で一GBのものを借りて、神宮前ドットオルグというドメインを配布し、メールアドレスや何かで自分のページがつくれるというサービスをフリーで行っていたんです。そういう活動を見ていてくれた原宿地区の商店街連合会が、町の活性化情報の発信を手伝ってくれないかと声をかけてくれました」（杉浦さん）

ITベンチャー花盛りの時代。起業家や都知事、日銀総裁などを呼んでDJやVJで盛り上げる「ビットスタイル」というイベントシリーズを舞台監督として手がけ、二〇〇〇年には代々木公園で現在のEarth Day の原型になるイベントを手がけてきた。その頃、シブヤ経済新聞の西さんと出会い、舞台という場づくりからコミュニティづくり、情報コミュニケーションに自然と関心が移っていった。

「横浜との縁ができたのは、舞台監督としてジャズの公演を手がけることが多かったから。神宮前も気に入っていたけど、横浜のバイブレーションがいいなと思って。それに、それまでは経済産業省の産業活性化やITベンチャーのイベントのような、コマーシャルなことばかりやってきたから、そういうものから一度降りて、ノンプロフィットなまちづくりやコミュニティデザインをやりたかった。そこで横浜コミュニティデザイン・ラボをつくったんです」（杉浦さん）

ソーシャル、コミュニティデザインなどの事業を行ううえで、地域の人々とのネットワークづくりに情報発信媒体は欠かせない。ＮＰＯにとって、経済新聞ネットワークに参画し、地元のメディアを立ち上げるのは必然だった。

「ひとつのニュースを出せば少なくとも何百人何千人、場合によっては何万人と言うオーダーで情報が届く。コワーキングスペースでイベント行えば、一石二鳥ですよね。これまでヨコハマ経済新聞で発信した記事の数は一万を超えている（二〇一八年三月三一日時点）。おかげで毎日本当に、色々なプレスリリースや情報が集まって来ます」（杉浦さん）

とはいえ、メディア単体で稼ぐのは難しい。あくまで、本業に結びつく情報を手に入れ、それを発信すること。そのためにも情報が出入りするプラットフォームと、リアルな人の出入りのあるスペースの両方を持つこと。この両輪があって初めてコミュニティづくりというＮＰＯの目的が達成される。

横浜コミュニティデザイン・ラボの事務所兼、コワーキングスペース「さくら WORKS〈関内〉」

◎ローカルウェブメディア、どうやって稼ぐ？

では、経済新聞を運営していくうえで、肝心の収入源は何なのだろう。横浜コミュニティデザイン・ラボの場合は、シェアオフィス運営、講座・セミナーなどの学びの場づくり、行政からの受託や企業とのタイアップ企画などが収入源となっている。二〇〇二年に任意団体としてスタートしてから、地域のコミュニティづくりをミッションに地道に活動してきた。

ウェブメディアでの収入については「ウェブサイトには、バナーやテキスト広告を入れています。その他には、記事を他のメディアに配信することも収益源の一つなのですが、一本あたりの単価は高くはないですよ。媒体の存在を知ってもらえる機会が増えることは、魅力的ですけれど」（杉浦さん）

広告収入や記事配信だけでは、なかなかメディアを運営する十分な資金にはならない。経済新聞単体で経営していくのは現実的ではなさそうだ。しかし、それでもなお、ネットワークに参加する団体が増えていく理由はどこにあるのだろうか？

「まずは、自分たちが住み暮らす地域に『地元愛』があり、地域の魅力をシェアしたいと思うヒトたちが増えていることが背景にあるのでは。あと、僕にとっては、経済新聞同士の横のつながりも魅力です。どんなネタを配信するかは気になるところなので、『そういうネタ拾うか？』というような記事は刺激にもなる。団体によって違うマネタイズの方法も参考にしたり。国内で一〇〇以上、海外で一〇以上の経済新聞の編集部とは、オンラインでも情報交換したり、年一回にリアルに集まる『みん経キャンプ』というイベントで交流したりもしています」（杉浦さん）

全国の経済新聞から発せられるニュースが、Yahoo! のようなプラットフォームから発信されるため、認知度が高く、また統一したデザインとルールで運用されているため安心感も大きい。まるでみん経ネットワーク全体が一つのメディアのように機能している。ただし、運営団体は多様で、メディアに対する考え方やスタンスもそれぞれ違う。

「僕らみたいなまちづくり系ＮＰＯはわずか。地域に根ざした企業、ＩＴ企業やウェブ制作会社も多いですね。ここ数年は、うちのようにコワーキングスペースを運営しているところもかなり増えていますね。共通しているのはそれぞれの街が好きで、人に伝えたい、シェアしたいと思う出来事に敏感な経営者やスタッフがいることです。地元のホットなニュース、面白いヒトやコトに常にアンテナを張っています」（杉浦さん）

例えば、最近オープンした外房経済新聞は、現役の学生が立ち上げた。横浜コミュニティデザイン・ラボ理事の宮島真希子さんはこう語る。

「外房経済新聞を立ち上げた富樫泰良さんは、オール・ニッポン・レノベーションという一般社団法人を立ち上げて、現役国会議員に『若者政策草案』を提出して話題になるなど、かなり活躍しています。外房の拠点づくりや若者の地域活性化に貢献しながらみん経を立ち上げました。彼らは閉店した喫茶店をみ

んなで改装して居場所をつくったりもしています」（宮島さん）

こういう勢いのある若者に看板を分けるところがみん経ネットワークの活気の源なのかもしれない。

「富樫さんは、町おこしといえばイベント、ではなくて、人を呼び込むためにはまずメディアだ、と言います。うちには学生インターンとして来て、記事を書いて、メディア運営の基本を吸収していました。外房経済新聞の運営にも、うちでの体験をフィードバックしています。既にあるリソースを上手に使いながら、地元の人たちとつながりをつくり、場もつくっている」（宮島さん）

ヨコハマ経済新聞を運営するコミュニティデザイン・ラボのコワーキングスペース「さくらWORKS〈関内〉」と同じようなモデルだ。やはり、メディアと場がセットになることで、シナジーが起こせる。しかし、それだけでは利益を出しづらい。独自のマネタイズに意識的に取り組んでいる経済新聞もあるという。

「船橋経済新聞は、地域のための情報をみんなで支えよう、というコンセプトで、地元の人から寄付を集めています。それも、取材のついでにやってしまう。たしかに社会貢献を謳う非営利団体だから、営利の広告モデルよりも、寄付のほうが合っている。今度、船橋モデルを取り入れようかと話しているくらいです。そういう知恵をシェアするネットワークがあるのもみん経のいいところですね」（宮島さん）

他にも、編集プロダクションのノオトがやっている品川経済新聞は、自社の持ち味を生かしライター養成講座を行い、経済新聞をライターを志す人々の修業の場として利用している。印刷会社や漁協、ＮＰＯまでバリエーション豊かな発行元がある、地元食材付き雑誌の定期購読誌「食べる通信リーグ」にも似て、稼ぎ方も、メディアをどうやって「使うか」という目的も多様なのがわかる。自社媒体でも記事を流用できるタウン誌などの発行元は親和性が高いし、まちづくり系の企業やNPOも、取材という名目で地域に入り込める。そういう複数のメリットが重なると経済新聞のようなウェブメディアはうまく機能するのだろう。

「僕らはまちづくりの、しかもラボだから、リサーチ&ディベロップメントするところです。決して利益重視ではない。メディアがあることで、店をオープンしちゃう人、イベントを仕掛ける人、まちづくりや子育てをやっている、ニュースになるようなことをしでかす人、他にもデベロッパー、デパート、行政のまちづくり開発担当や、アート系の人など。本当にいろんな人とのつながりが生まれました」(杉浦さん)

ここで培われたネットワークは、近くにいる同じ関心を持つ人とのつながりを促進する。マスメディアや新聞では拾いきれない、地域で活動する小さくても意欲的なグループ、ご当地の食材を使った小ロットの土産物などのニュースによって、地域に潜在する多様な価値が見える化する。

「しかし、ニュースメディアは〝価値の所在情報〟を伝えることはできても、例えば人が足りない金がない、といった人たちと経営資源を結びつけるのは難しい。アクセンチュアさんとやっている『LOCAL GOOD YOKOHAMA』はまさに、お金を集める仕組みであるクラウドファンディングとメディアをドッキングしたプロジェクトです。スキルマッチングという仕組みもあり、例えばデザインができる人が欲しい、イベントの運営スタッフが欲しいなど、人的ニーズ、物品ニーズに応えていくプラットフォームです。ヨコハマ経済新聞で蓄積された情報とネットワークを必要とする企業や行政と組んで、地域に潜在する価値がリアルに街に活かされる局面をつくって始めて〝まちづくり〟になるんだと思います」（杉浦さん）

◎価値やノウハウを蓄積する、アーカイブサイトとしてのウェブメディア

狭義のメディア、つまり情報発信媒体としてのメディアが地域社会の役に立つには、情報がそこに存在するだけではだめで、地域に存在するさまざまなアクター（企業、行政、コミュニティ）間で交わされることで初めて価値をもつ。杉浦さんが語るように、利益より社会的ミッションが先に立つＮＰＯは、メディアを課題解決の手段として活用するのに向いている組織だと思う。

また、紙メディアと違ってウェブメディアは、一般に思われるように情報が絶えず流れていくことに意味があるのではなく、実はストックされていくことにも意味がある。一万を超えるニュースがストックされているヨコハマ経済新聞がまさにそうだ。

僕がディレクターの一人として関わる「まちを編集するプロフェッショナルをつくる、伝える」がコンセプトのウェブメディア『EDIT LOCAL』も、ＳＮＳで拡散しＰＶを稼ぐための情報発信ではなく、各地のローカルメディアの担い手のノウハウを〝ストック〟していく「アーカイヴサイト」として位置付けて

いる。

　デザイン的な工夫もしていて、日本地図にカーソルを合わせると、どの都道府県の記事がいくつあるかが一目でわかる。まだ掲載数は少ないけれど、地域ごと、目的ごとにメディアの役割が変わるローカルメディアだからこそ、同じ地域のつくり手がどんな工夫をしているかを知るのは、これからメディアを立ち上げたい人にとって大事なポイントだと考えたからだ。

　情報を発信するというメディアの目的にならうなら、紙に比べてインターネットのほうが効率がいい時代になってきた。そんなウェブメディアでさえも、情報発信だけではない役割が求められている。

ローカルメディアの担い手やノウハウに関する情報をストックするウェブメディア『EDIT LOCAL』

②映画づくりから田舎体験発信サイトへ――『おへマガ』（岐阜県恵那市）

◎行政マンの声掛け、資金ゼロから始まった映画づくり

それは地域限定のウェブメディアも同じ。岐阜県・恵那山麓エリアの暮らしや人を扱うローカルメディア『おへマガ』も、単に地域の美味しいものや観光スポットを取り上げるだけではない。場をつくり、ネットワークをつくり、複数の事業を同時に走らせて経営をしている。

恵那市は平成の大合併によって一三の地区が一緒になった広大な地域。同じ市になったはいいが、旧区域の意識が強く、地域間や市民の交流はなかなか進まない。そんななか何とかして、地域や世代を超えて、人がつながることはできないかと考えた地元の行政マンがいた。

「彼は、映画監督の林弘樹さんのところへアポなしで訪ねていったそうです。映画をつくるプロセスのなかでまちを知り、人と人とが繋がっていく。そんな『映画を使ったまちづくり』の可能性を感じ、えな「心の合併」プロジェクトがスタートしました。呼びかけたのは行政マンですが、補助金は一円も使っていません。そのため五年間かけて寄付を呼びかけたり企業の協賛を頂いたり、チャリティでイベントをして、二五〇〇万円ほど集めたそうです」

こう語るのは、『おへマガ』編集長の園原麻友実さん。ウェブメディア『おへマガ』を立ち上げる前の「NPO法人えなここ」との馴れ初めについて教えてくれた。

「お金が集まらない状態で、二〇一〇年にクランクインしてしまい（それから間もなく協賛は集まったのですが）、全部市内でロケをして、制作から完成までにエキストラ含め二～三万人ほどの地元の人が関わったと聞いています」（園原さん）

でき上がった映画『ふるさとがえり』の評判は上々で、全国各地から上映のお誘いがかかった。現在までに、全国四七都道府県で二〇〇〇回ほど上映会が行われたそうで、その上映事務局として生まれたのが、現在、『おへマガ』を運営する「NPO法人えなここ」だ。

◎自分探しの旅から地元NPOへの参加まで

園原さんは『ふるさとがえり』の上映活動が活発に行われていた二〇一一年ごろにはまだNPOには入っていなかった。

「もともと着物が好きだったので、京都で着物のネット販売の会社で働いていました。仕入れをして値段をつけて売る、いわゆるECサイトの運営です。二年くらい続けたときに、売れ筋を仕入れて売ることに魅力を感じなくなって。仕事を辞めてバックパッカーとしてアジアを回るという、よくある自分探しの王道を辿りました」（園原さん）

いざ地元に帰ってきても、知人も少なく、思い当たる職業のバリエーションも少ないため、これもありがちだが地元の中小企業の工場で働いていた。そこで園原さんは、京都時代のつながりで、長野の限界集落の古民家に大阪から移住してゲストハウスをやっている人や、京都の商店街の活性化をしている同世代の若者と出会う。「みんな普通に町のことを考えているんだ」とショックを受けた。

「そんなとき、恵那でまちづくりをしている人はいないかなとふとツイッターで『私も地元のことを考える仕事をしたい』とつぶやいたら、なんと今のNPOの方が見てくれて、『今度、うちで会議があるので遊びにきませんか？』と連絡が来たんです。それがえなここに関わるきっかけです」（園原さん）

SNS時代を体現するようなエピソードだ。当時のNPOのスタッフからも、「恵那のことをつぶやいていたのは園原さんくらいしかいなかった」と言われたそうで、まちのことに取り組む事業者はローカルなプレイヤーの芽を拾い上げようと常に目を光らせていたのだろう。

こうして、一年ほどボランティア期間を経ていつのまにか工場での仕事を辞め、正式にNPO法人えなここのスタッフになった園原さん。先述の映画の上映事務局をしていた団体だが、上映先の各地で「恵那に行ってみたい」という声が多くなり、上映活動から派生して着地型観光、体験ツアーなども手がける時期になってきていた。

「二〇一二年から、地域の人が自分の得意なことや地域資源を生かして地元を案内する『恵那山麓博覧会えなか』という取り組みを始めました。初年度は、映画のつながりで出会った人と一七の体験を開催して一か月半で四〇〇人ほどが参加しました。その後、私が入ってから二〇一六年までは毎年五〇〜一〇〇ほどの体験を実施していました」（園原さん）

◎複数の事業を走らせて経営する

このように、ウェブメディア『おへマガ』が最初から立ち上がったわけではなく、観光客に向けた体験ツアーという事業がベースにあったことで、恵那の地域体験を発信するニーズが生まれた。そこに、メディアや出版のプロパーではなく、ECサイトで商品を売る仕事をしていた園原さんのスキルが掛け合わされていった。

『おへマガ』の記事を書くライターやカメラマンは地元の人。ほとんどがNPOスタッフではなく有志の仲間たちで、UターンIターン者が多い。地元でまちづくりをしたい若者は数も限られているので、すぐに出会うし仲間になる。ただし、専業のライターはほとんどいないので、名刺だけ渡して、記事の執筆に関するルールに則って執筆してもらう。最終的に記事のクオリティをチェックするのは園原さんだ。

「ルールといっても、お店の人の話を聞く、体験をベースに書く、住んでいる人が自分たちの町を友人知人に紹介したくなる内容か……そのくらいです。ただ、考え方の共有はしっかり行っています。山があるからこその営みと文化がある。それがこの地域らしさだし、面白さだと私は思っていて。ライターの仲間には、スキルうんぬんよりも、そんな地域性を面白がれるか？　を意識してもらっています」（園原さん）

最初に『おへマガ』を立ち上げた際、肝心の資金はどのように工面したのだろうか。

岐阜・恵那山麓ローカルメディア ｜ 恵那・中津川ほどほどの田舎から、ワクワクするローカルライフを発信中！

といあわせ
ホーム
おへマガとは
インタビュー
おへレポ
イベント／体験
おへそ仲間の声
一度は訪れたい
中津川・恵那のお城
What' new
new!
夜の図書館で朗読とジャズライブ
11
2018/02/15
【お店】恵那峡の「カフェ ヴィンヤード」が2種類の素…
恵那峡遊覧船の駐車場から乗船場へ歩いてすぐ右手側。就労継続支援B型「森の生活」の方々により営まれている「カフェ ヴィン…
Category：おへレポ MORE
2018/02/08
【2月18日】夜の図書館で朗読×ジャズ。トワイライト…
｜閉館後の図書館がジャジーな空間に！ 夜の図書館って、どんなだろう。しーんと静まり返って、本たちが眠っていて…。見て…
Category：イベント・体験 MORE
2018/02/08
｜第11回｜ー神谷流の美しい字を発信したいーカタダマ…
みなさんはインスタグラムでカタダマチコさんのポストを見たことがありますか？ いまやフォロワー3万人をゆうに超す人気のカタ…
Category：インタビュー MORE
私のほしい未来にちょっと近づく3時間
ローカルメディアの話。
2.11
2018/02/08
【2月22日】今の自分を整理する。私のほしい未来にち…
こんにちは。おへマガ編集部の太田です。 こちらのイベントをお知らせするにあたり、すこし私の過去を綴らせてい…
Category：イベント・体験 MORE
2018/02/06
【3月17日〜18日・大阪発着】住民の10%が移住者…
｜移住者が集まる、人口800人のまち「串原」。山を活かす暮らしを体験しよう！ 大阪発着の、岐阜県移住体験ツ…
Category：イベント・体験 MORE
2018/02/05
【2/11】Live配信あり！4メディア実践者「ロー…
｜緊急企画！今注目のローカルメディアが恵那に集結 ことりっぷウェブプロデューサー、しがトコ(滋賀)代表、ち…
Category：イベント・体験 MORE
おへマガ通販サイトはじめました
おへそストアー
OHESO STORE
おへマガサポーター
募集中!!
企業・行政の皆様へ
おへマガ編集部のできること
communication design lab
work/event/creative
樫舎
おへマガの学校
Gifu Enasanroku ohemaga life design school
お城のはなし
私の知らない日本
中山道BOOK
さあ、自然へのドアを開けよう
NATURE GUIDE BOOK

NPO 法人えなここが運営する『おへマガ』。「ほどほどの田舎から、わくわくするローカルライフを」と恵那山麓・中津川エリアの暮らしを地元のメンバーで取材・発信する

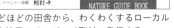

「立ち上げるところだけ市の補助金を取って、一年目は全くの赤字。二年目の二〇一六年くらいからこの媒体で特集を組んでほしいという行政の仕事が増えました。記事でお金を生んでいるというより、メディアを入り口にしてさまざまな仕事をいただいています」（園原さん）

『おへマガ』のトップページにはさまざまな特集ページのリンクが貼られている。恵那の自然体験を紹介する「NATURE GUIDE BOOK」やお城ツアー「一度は訪れたい！ 恵那市・中津川市のお城まとめ」など。こうした行政とのタイアップ記事とともに冊子をつくることもある。ウェブメディアの重要な資金源だ。

他にも記事広告を個別に地元企業とつくることもある。ただし、地方でウェブにお金を払う感覚はまだ根付いていない。紙媒体への信頼感が強いためだ。

「そこで、（二〇一七年は発行できなかったのですが）、年に一度、紙のフリーペーパーを会員の方に送っています。住所に直接送れる会員さんが一〇〇〇人くらいいるので、そこに情報を載せたい人から一口一万円ずつ出してもらう。一人で一〇〇〇人にＤＭを送るとしたら一〇万円くらいかかるじゃないですか。それが一万円払うだけで出せるならいいねって」（園原さん）

その他にも、『おへマガ』では「おへそストアー」というＥＣサイトを運営している。和菓子屋さんと一緒に商品開発したり、クリエイティブ出身のスタッフがパッケージデザインを行ったり。行政からの制作物受注案件以外で『おへマガ』の重要な収入源になっているのは、移住ツアーやセミナーのコーディネート、「おへマガの学校」という講座事業だ。最近はメディアづくりに関するセミナーやワークショップを開催することも増えてきた。

「おへマガの学校は、『日々の暮らしがちょっと豊かになる講座』『思いをカタチにする実践的講座』の二軸で展開しています。インスタ講座や情報発信講座などの実践講座は、恵那市以外からも講師として呼ばれることが増えました。岐阜県は移住促進にも力を入れているので、移住セミナーのコーディネートをしたり、スピーカーとして都市部で岐阜の暮らしの話をすることもあります」（園原さん）

しかし、開催したらそれっきりのワークショップやセミナーでは限界があるとも感じている。そこに参加した人たちが、次につながるアクションを起こすところまでサポートしなければ意味がない。

「既存の起業支援のなかでは、一歩を踏み出せない人もいると感じています。行政や商工会議所がやっている起業セミナーに関心がない層、つまり女性たちを応援したい。女性って、結婚して出産して子育てして介護してっていうさまざまなライフステージがある。そういうサイクルのなかで無理なく、自分の好きなことと地域の困っていることを掛け合わせてナリワイを生み出そうという取り組みをスタートしました。収入は月三万円以内でいい。複業が前提です。だけど、好きな仕事が一つあるだけで地域での暮らしが豊かになる。成功して大きくしたい人はすればいい。そういう考え方って田舎には合っていると思うんです」（園原さん）

実は、園原さんが『おへマガ』を立ち上げた理由の一つもここにある。恵那でこれからも暮らしていく、その未来を考えた時に、一緒にまちを楽しめる仲間が多い方が絶対にいい。

「やっぱり、『行ってみて』とか『美味しいよ』という情報ばかり取り上げていても仕方ない。その先のこともつくっていくのが私たちの役割だと思うんです。ワイワイできる仲間が増えたら嬉しいし、恵那山麓地域で暮らしたいなと思う人の背中を押せる存在でありたい。そこへの導線を私たちができる範囲でつくりたい」(園原さん)

一年半ほど前には、事務所機能とワークショップなどのイベントを開催する機能を併せ持ったシェアオフィス「樫舎 KASHIYA」をオープンした。長い間人が住んでいなかった茅葺き屋根の築一七〇年の古民家で、リノベーション費用の多くは、なんと映画『ふるさとがえり』を見た地元出身の大家さんが負担してくれたという。こういう思わ

えなここの事務所とシェアオフィスが入居する「樫舎 KASHIYA」。小商いワークショップやマルシェも開催される地域の拠点（撮影：Natsumi Koike）

ぬところから生まれた縁に支えられている。ここは先述の小商いワークショップを開催したり、地元産の商品を売るマルシェなどを開催し地域に開かれた拠点として活用している。

◎NPOとローカルウェブメディアは相性がいい？

このように色々な収入の経路を確保し、着々とまちづくりをしている『おへマガ』だが、サポーター会員制度も始めた。寄付制度だ。これまで、映画『ふるさとがえり』の上映や補助金事業がメインの収入だったNPOが、地元の有志に支えられて育っていくという非営利組織ならではのかたちに変わろうとしている。

「ここ二年で補助金も全部やめ、だんだんと委託事業の割合が収入の大部分を占めるようになってきて、このままでいいのだろうか？　と思い始めました。そこで始めたのがサポーター制度です」（園原さん）

ヨコハマ経済新聞の場合もそうだったが、普通の営利企業では、どうしても広告を取ってPVを獲得して、という拡大路線になりがちだ。メディアを利益を生む事業として捉えるのではなく、地域市民や地域社会に役立つツールとして割り切って利用するスタイルは、NPOと合っている。

「もちろん、広告モデルやPV主義を排除するつもりはないですが、私たちの役割はそこじゃない。将来の計画を立てる時に、売上もそうですけど、私たちがNPOとしてどんな課題解決や価値創造を行ったかを重視しています。メディアはそのミッションを達成するための手段だし、場をもつことも、学校をやることもその計画の一部。ＰＶじゃなくて、自分たちが指標として測れる成果を設定することが大事だと思います。例えばマルシェでトライする人がこれだけ増えるといいよねとか、ナリワイ起業家仲間がこれくらいになるといいよねとか、地域の資源をこれだけ活用したいよね、とか」（園原さん）

恵那への移住者は年間一〇〇人くらいいるのだが、ここ三年の『おへマガ』の取り組みに後押しされて移住を決意した人が少なくとも一〇組はいるという。移住は結果論なので直接的な効果を計るのは難しいが、これらのエピソードベースのメディアの評価軸がもっと定着していくといいと思う。

「地域への関わり方っていろいろあるじゃないですか。住むだけじゃなくて一回来てみると

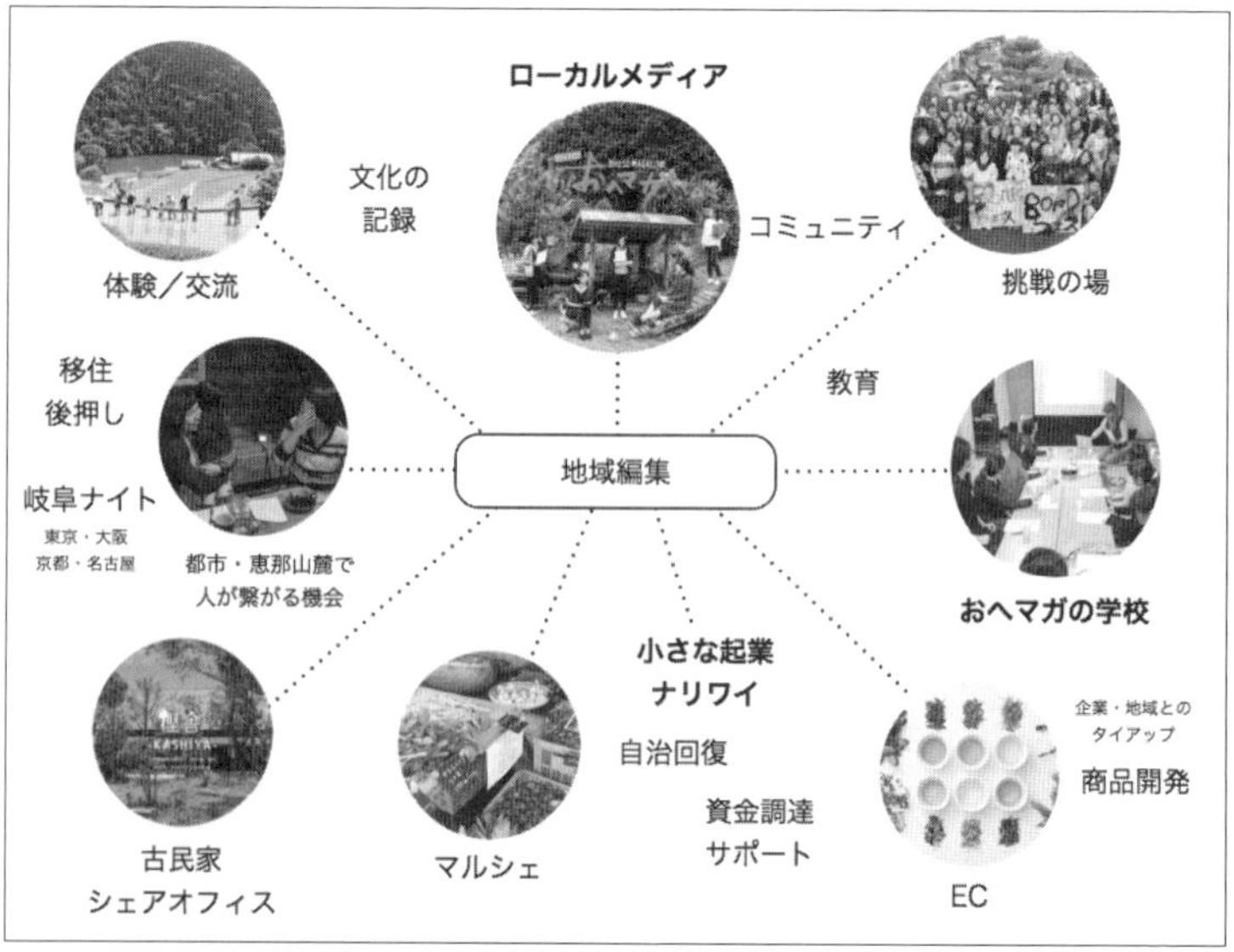

ローカルウェブメディア『おへマガ』と地域編集の試み

か、モノを買って応援してくれるとか、仲間がこれだけ増えるとか。地域が良くなるというと漠然としがちですが、私たちは新しい数値目標を探っていきたい。難しいですけれどね」(園原さん)

最近は、地域の文化を記録して、五〇年後、一〇〇年後に残っていくようなメディアとして、紙媒体の雑誌の制作を考えているという。『ローカルメディアのつくりかた』でも取り上げた近江八幡の菓子舗・たねやが発行する『ラ コリーナ』のような本格的な冊子は、地元企業が「五〇年後も一〇〇年後もこの土地で生きていく」ことの決意の表れでもある。園原さんも、そうした老舗の地元企業とタイアップし、腰を据えて恵那の魅力を記録していきたいと意気込む。

ウェブか紙かにこだわる必要はない。地域の未来をどのようにデザインするか。その未来のために、どんなメディアがあるといいか。そして、その未来を描くパートナーはどこにいるか。行政、企業、移住組。地域に根ざすさまざまなコミュニティをつなぎながら、まちを編集していく横浜コミュニティデザイン・ラボやえなここなど、社会的ミッションを抱えるNPOなど非営利組織のローカルメディアはこれからも注目されていくだろう。

② 企業や産業がつくるメディアとまち――価値を再発見する、地域密着の方法

①地元と企業をつなげる第三者的役割――『三浦編集長』（島根県大田市）

◎石見銀山生活文化研究所の広報誌『三浦編集長』の誕生

島根県大田市大森町。世界文化遺産に登録された石見銀山遺跡をかかえるここに、全国にファンを持つアパレルブランド「群言堂」を展開しつつ、築二三〇年の古民家を再生した古民家宿「他郷阿部家《たきょうあべけ》」などを運営する石見銀山生活文化研究所がある。

これまでに、自社がある大森町に一〇軒の古民家を再生し、本社社屋や宿、社員寮の他、ショップやカフェを展開。社是である「根のある暮らし」を体現するように、この地域に根ざした暮らしの魅力を発信している。

この石見銀山生活文化研究所で発行している広報誌が『三浦編集長』だ。名前のとおり、編集長の三浦類さんが、大森町の人と生活を、東京からやってきた自分自身の遍歴などもひっくるめて紹介している。三浦さんは愛知県名古屋市出身で、東京の大学に通っていた時に、同社の会長である松場大吉さんの講演を聞き、心を奪われ手紙をしたためた。これが大吉さんの目に止まりインターンを経て二〇一一年に就職。

現在は、販売促進課で広報の仕事をしている。
「最初の一年間は、修行ではないですけど、カフェで料理をつくってお出ししていました。特別何かスキルがあって採用されたわけではないので、会社としてもどうやって使おうかと考えあぐねていたのではないでしょうか（笑）。二年目から今の販売促進課に異動になって、三年目に『三浦編集長』を立ち上げました」（三浦さん）
普段はマスコミの取材対応、プレスリリースの作成、石見銀山生活文化研究所ホームページ上の読み物コンテンツの編集や、視察の案内など、いわゆる広報の仕事をこなす。そんななか、なぜ突然、自身の名前を冠した広報誌を発行することになったのだろうか。
「もともと僕は新聞記者を志望して就職活動をしたのですが、どこも受からなかったんです。そのこ

石見銀山生活文化研究所・販売促進課の三浦類さんが編集長を務める広報誌『三浦編集長』

とは会長を含めて皆さんに話していました。学生時代から文章を書くことが好きで、雑誌やミニコミに寄稿したりしていて。ある日、会長がふと何かのフリーペーパーをもってきて、こういうものをつくってみないかと。会社のなかでの自分の立ち位置が築けていなかったところがあったので、僕に向いている仕事の舞台を用意してくれたんだと思います」（三浦さん）

◎群言堂の社風——人に合わせて仕事をつくる

一九八一年、会長の松場大吉さんと所長の松場登美さん夫妻が、大吉さんの実家がある大森町に帰郷し、その後手づくり雑貨ブランドを立ち上げ、販売していた「松田屋」が群言堂の前身にあたる。石見銀山生活文化研究所は一九九八年に設立された。群言堂でアパレルや雑貨、化粧品などを販売する傍ら、先述のように地域に眠る古民家を再生し、地元に貢献している一風変わった企業だ。こんな群言堂（とその背景にある石見銀山生活文化研究所）の社風に惹かれ、三浦さんのようにIターンで就職するスタッフも多い。

「私たちの企業理念のなかに『復古創新』というものがあります。過去から本質を学ぶ「復古」、それを未来へ引き継ぐ視点をもって今の時代に価値を創造することが「創新」という言葉です。これをものづくりにおいても古民家の再生においても実践しています。洋服で言えば、今ではなくなりつつある貴重な織機や技術で良質な生地をつくる生地屋さんと継続的に取り組むことで、職人の技が引き継がれていく。建物であれば空き家を新しい形で再生する。それも捨てられた古材や古い道具を活用する。捨てられていた

ものを拾って活用することが、会社の一つの精神、思想だと思います」（三浦さん）
その思想を体現する会社運営も独特だ。例えば人事。「群言堂の人事は特殊で、こういう仕事があるからそれができる人を採用しようというよりも、採用した人がこういう特性をもっているからこういう仕事をつくろう、ということが時々ある。会長の記憶には、僕がインターンを志望した時の手紙の内容が残っていて、何年か暮らした後に大森のことを書かせてみたら面白いんじゃないかと、構想を温めていたかもしれないですね」（三浦さん）
人に合わせて仕事をつくる経営スタイルは、三浦さんに限ったことではないようだ。
「例えば、Gungendo Laboratoryというブランドで里山パレットという取り組みをしています。石見銀山の里山の周辺で拾った木の実や葉っぱ、枝を元に染料をつくり、服を染めるのです。これも、学生時代に自分で染料をつくり、布を織って一〇〇％オリジナルの洋服をつくっていたスタッフが入社したのがきっかけで生まれました。他にも、梅花酵母という事業があって、二〇年来いる農学博士の房薇《ファンウェイ》というスタッフが、この町の梅の花に付着していた酵母菌を発見したことをきっかけに、それを配合したMeDu（めづ）というスキンケアブランドが立ち上がりました」（三浦さん）
地域に眠る価値を掘り起こし、それを商品として全国に届ける。会社の名前のとおり、石見銀山地域を日々見つめ、文化を育て、発信する。そのために、人を活かす。三浦さんの名前を冠した広報誌をつくらせる理由の一つも、そうした企業風土にありそうだ。

一方、この会社の取り組みは一言では説明しづらい。「群言堂は洋服以外にどんなことをやっているの？」「石見銀山生活文化研究所はいくつのブランドをもっているの？」一本の芯は通ってはいるけれど、多様なストーリーが錯綜している。それをわかりやすく紹介するのが三浦さんの役割だ。

◎顧客と社員の間に立つ広報誌

『三浦編集長』の発行は年四回、現在までに一六号と号外が三号発行されている。B4タブ二つ折りのシンプルなつくりだ。全国に三一店舗ある群言堂のショップの他、つながりのあるカフェやギャラリーに置いたり、オンラインショップでの購入者に発送している。

地元に根ざした企業が発行する広報誌といえば、近江八幡の菓子舗・たねやが発行する『ラ コリーナ』が代表的だが、同社とたねやの広報戦略は共通するところがある。たねやは雑誌に広告を出すのをやめて、年間の広報予算を『ラ コリーナ』に集中させて写真集のような質の高い冊子をつくり続けている。石見銀山生活文化研究所のブランドも、雑誌やバナー広告に広告費をかけることはほとんどないという。

『三浦編集長』と並行して、群言堂、MeDuなど自社ブランドの商品を販売するECサイトと、石見銀山生活文化研究所の理念を体現する読み物ページが一体となったホームページも最近リニューアルした。地域とそこで働く人々が生み出したストーリーを〝売る〟同社のコンセプトが体現されたページになっている。

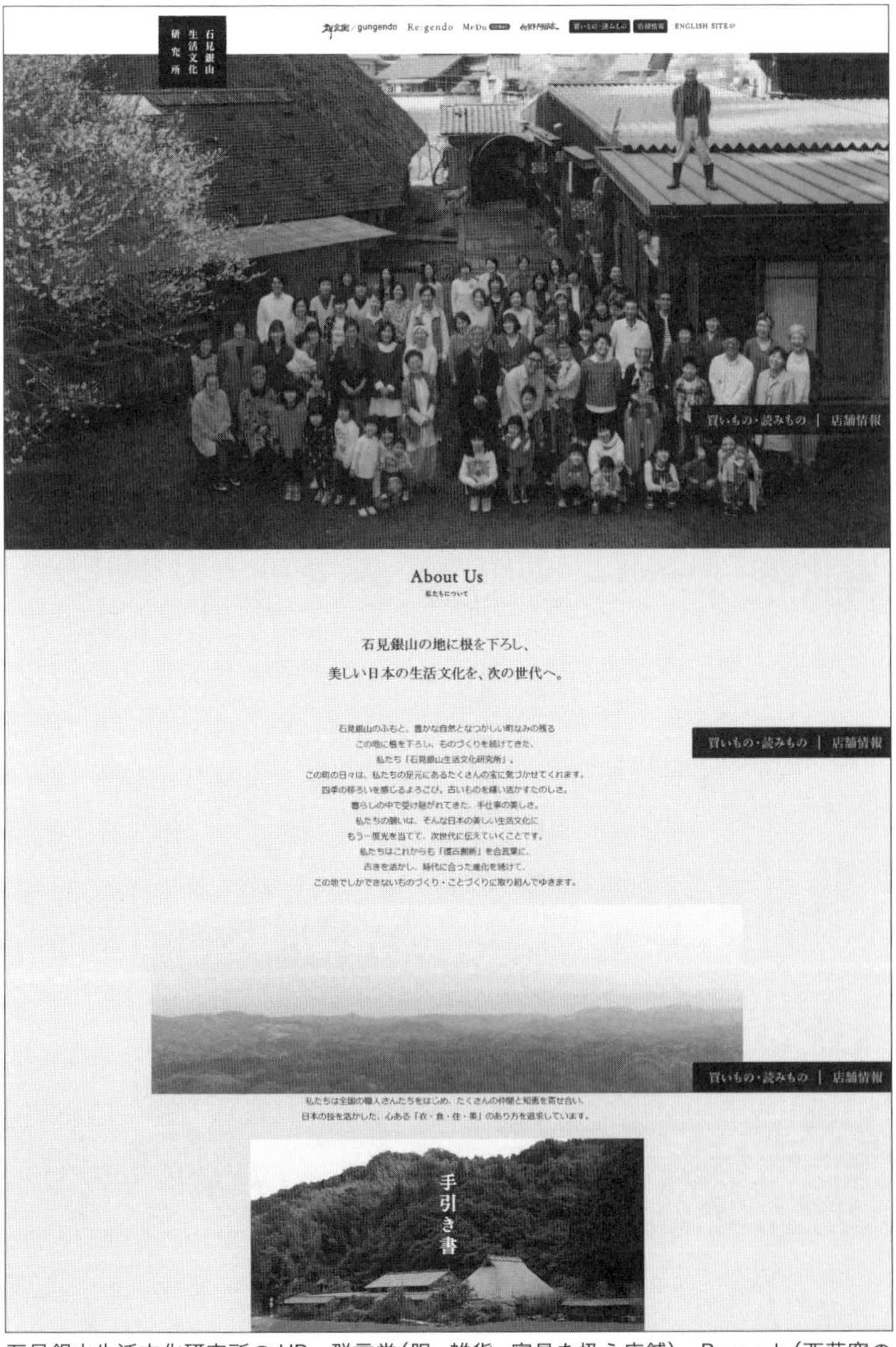

石見銀山生活文化研究所のHP。群言堂（服・雑貨・寝具を扱う店舗）、Re:gendo（西荻窪の古民家を使った食と生活雑貨の店）、Medu（スキンケアブランド）、他郷阿部家（岩見銀山の武家屋敷を使った“暮らす宿”）など研究所の理念を体現する自社ブランドが並ぶ

地域に根ざす地元企業にとって、いわゆる企業広報の枠を超えて、その地域のストーリーを掘り起こすことは重要な仕事だと言える。大都市の広告代理店がいっとき関わって生み出す物語ではなく、風土や、手仕事的な目に見えないスキルなど、地域に根付いている価値は、一朝一夕で見出されるものではない。毎日の暮らしや仕事のなかでふと気づかされるものである。

そんな、石見銀山地域の文化的遺伝子を掘り起こし、未来につなげていくのが石見銀山生活文化研究所だ。そして、群言堂で働く人、同社に関わるさまざまな地元の人へのインタビューを通して、顧客に石見銀山地域の魅力を紹介するのが『三浦編集長』。

「〈三浦類の職場放浪記〉という連載をしているんですけど、以前うつ病を患っていたスタッフのことを書いたんですね。その時に、『実は私もそうで、記事を読んで元気づけられました』という手紙をいただきました。個人的なことも包み隠さず書いているので、僕の大森町での暮らしに興味をもってくださる方も多いです」（三浦さん）

媒体のタイトルのとおり、基本的にすべての記事と写真を三浦さん一人で担当しているわけだが、意外と読者は三浦さんのパーソナリティに関心があるのが面白い。いわゆる企業広報誌は、あくまで企業のいいところを全面に押し出して、商品をアピールしたり、売り上げに貢献する記事を載せることが多い。一方『三浦編集長』の場合は、三浦さんの主観で群言堂のことや、大森町での日々の暮らしのことが書かれているのが特徴だ。

「広報誌をやらないか、と言われた時に、既に会長はこのタイトルを口にしていたんです。たぶん、三浦というひとりの若者の、住民としての視点でこの町の暮らしを書ききる、ということを大事にしたいと考えたのだと思います。もちろん、企業のコンセプトも表現できると考えていたはずですが、『群言堂』という言葉は、たくさんの人がそれぞれの意見を言い合う中で一つのよい流れが生まれていく、という意味なんです。この町のことをパーソナルな生活者の視点で語るものがあれば、それもよい流れをつくる多様性の一部なのでは、と」（三浦さん）

かなり思い切った名付けだとは思うが、確かに、完全に広報の立場で会社をＰＲするよりも、Ｉターンとしてこの地にやってきて、根を下ろし暮らしながら働く〝半分よそ者〟の三浦さんの目から会社や地域のことを切り取ることで見えてくるものもあるかもしれない。

「このタイトルにしたおかげである意味、企業っぽさが消えているというか。これは企業の宣伝ツールではないよ、ということはタイトルから読み取れる気もします」（三浦さん）

企業の広報マンとしてではなく、ひとりの生活者として、企業と顧客のあいだに立って大森町と群言堂の魅力を発信する。『三浦編集長』の読者は、単に群言堂の顧客であるだけでなく、三浦さんの目を通して、その先にある大森町での生活を想像する。場合によっては、移住する人も出てくるかもしれない。実際、三浦さんが入社して以降、全国から入社を希望する人が増えている。群言堂を志す若者は、もちろん、群言堂の理念に惹かれて志望するわけだが、そこでの暮らしが魅力的でなくては移住したいとは思わないだろう。

同じように、群言堂が好きな顧客は、単に服が着やすい、肌ざわりがいい、デザインが好みだというだけではなく、背景にある石見銀山という地域の文化や暮らしを想像しながら着る。所長の松場登美さんも著書のなかでこう語っている。

「ものの価値基準というのは、商品そのものだけではないという気がします。ものだけのクオリティで見れば、わたしがつくったものは淘汰されていったかもしれません。もの以外の何か。商品が生み出す空気感や、売り場全体がかもし出す世界観などの何かが作用して、お客さまが買ってくださったんだと思うのです」(『群言堂の根のある暮らし』松場登美著、家の光協会)

地域に根ざす企業は、その地域に存在する必然性を武器に、商品に物語という付加価値を付け販売する。商品と地域のストーリーは地続きだし、切り離されるべきではないのだ。

「ずっとこの町でやってきたことや、大切にしてきたこの町の暮らしをまずちゃんと商品だけではなくて他の形で発信したい、発信力をもちたいという思いは会長や所長のなかでもずっとあったのだと思います。そうした思いを実現する時に、たまたま僕みたいな人間が入った。巡り合わせですね」(三浦さん)

自社の価値観を代弁する姿勢では、個人の実感は伝えられないし、直接的な売り上げに寄与する情報発信だけでは背景のストーリーに顧客を誘導することはできない。持続可能な地元企業メディアのプレイヤーにとって大切なのは、よそ者と地元の人、会社内の風土の合間にただよう〝批評的な距離感〟を保ち、第三者的な立ち位置を地域やコミュニティ、企業のなかで確立することにあると思う。

②地域に根差す信用金庫の広報誌――『にんじん』(石川県七尾市)

◎信用金庫職員がつくる、三〇〇ページ、フルカラーの広報誌

群言堂のように地元の暮らしそのものと企業のブランドが表裏一体でなくとも、ローカルメディアづくりに向いている企業はある。例えば、地域に根ざす信用金庫や都市銀行などの金融機関だ。石川県北部、能登半島の中央に位置する七尾市に根ざす「のと共栄信用金庫」は、かつて『にんじん』というフリーペーパーを発行していた。

『にんじん』の仕掛け人は、同金庫の職員でもある谷口良則さん。カメラが趣味で、まちに出かけては風景や人をシャッターに収め続け、地元の人たちからは親しみを込めて「ターニ」という愛称で呼ばれているそうだ。

写真も文章もほぼ谷口さんが一人で撮って書いている。商店街のお年寄りを捕まえては、世間話をしながらパシャリ。小学生のグループを見つけては、並んでもらってパシャリ。そういうまちの人々のポートレート写真が誌面の大半を占めており、もはや谷口さんの写真集と言っていい造りになっている。しかも、写真の端に短く添えられたキャプションがいい。

「通りかかるとアオキ種苗店の春枝さんが、大きな虫眼鏡で指先を見ていた。どうやら指にトゲが刺さったらしい。しばらくするといつのまにかご主人の政治さんが奥さんの前に立って、やさしくトゲ抜きを手伝っていた」（第七号より）

谷口さんは地元の人たちの名前も把握しているし、彼らのバックグラウンドもよく知っている。だから、谷口さんしか知らないエピソードを書けるし、谷口さんしか撮れない表情が撮れる。まちに根ざす信用金庫の職員がつくるフリーペーパーだ。

それにしても、ページ数も多く（第七号は三〇四ページ）、フルカラー。決して制作費は安くない。にもかかわらず、これほど自由な誌面づくりがどうして許されるのだろうか。同じ金庫内から不満や疑問は上がらないものだろうか。谷口さんはこう語っていた。

「私たちの金庫の理事長がとても懐の深い方で、私が好き勝手やるのを見て見ぬ振りしてくれて（笑）。評判が悪ければ自分で払うくらいのつもりで始めました。でも実際つくってみたら、すぐになくなっちゃうんですよ。お客さんからも『にんじん』ありませんかって声かけられることも多かったし、『綺麗に撮ってくれてありがとう』とお手紙をもらうこともありました」（谷口さん）―マガジン航の連載「ローカルメディアというフロンティアへ」より（以下、同）

のと共栄信用金庫が発行していたフリーペーパー『にんじん』。文章・写真とも同金庫の職員、谷口さんが手掛ける

『にんじん』7号より。被写体は顔見知りばかり

◎〝地域密着〟という企業理念

二〇〇一年にリニューアル創刊し、年に一、二回発行し続け、二〇〇七年まで続けられた同誌は惜しくも休刊してしまったが、コンセプトは毎年発行している広報誌『にんじん通信』に引き継がれている。のと共栄信用金庫の一〇〇周年目に出された二〇一五年号からは「能登耕作」という、どこかで聞いたような名前の主人公が出てきて、能登の産業創出を支援する官民複合の活動を特集し、まちの創業者たちに話を訊くという体裁になっている。もちろん、能登耕作は谷口さんの分身そのものである。

谷口さんもまた、元祖地域雑誌『谷中・根津・千駄木』（二三二頁参照）に影響を受けた一人。信用金庫に勤めながら、せっかく広報誌をつくるなら、地元に溶け込む地域誌のような冊子をつくりたい、と常日頃考えていたそうだ。

「信用金庫の職員って、昔みたいに取引先に足繁く通わなくなった。インターネットが登場してからか、効率優先になってしまい、地域とのつながりや、地域の人々への関心が薄れてしまってはいないかという問題意識があったんです。しかも、職員を紹介する社内報なんてつまらないでしょう。むしろ、地元の人々を登場人物にしたほうが、地域密着という信用金庫の理念を体現できるのではないか、と考えたんです」（谷口さん）

一般社団法人全国信用金庫協会（全信協）は、社会貢献賞を一九九七（平成九）年に創設している。ユニークな社会貢献活動を行う各地の信用金庫の取り組みを奨励するものだ。例えば、第一九回の「地域活性化・しんきん運動 優秀賞」を受賞したのは、いわき市のひまわり信用金庫が地域産業の復興支援を目指し、同市平字作町に開設した街なか野菜工場「ひまわり ふれあい農園」。同信金の空き店舗を活用した農園で、水耕栽培施設のモデルハウスとして見学者を受け入れ、空き工場や空き店舗の活用例として提案している。

信用金庫の起こりについて、全信協が発行するパンフレットにはこう書かれている。

「明治維新を契機として資本の集中が強まり、農民や中小商工業者が貧窮に陥ったことから、経済的弱者に金融の円滑を図ることを目的に、一九〇〇（明治三三）年に産業組合法が制定され、同法による信用組合が誕生しました」（「信用金庫

『にんじん通信』(右)と『谷根千』の森まゆみさんがライターとして参加した、七尾市の商店街が発行したミニコミ(左)。谷口さんはカメラマンとして参加した

のご案内　しんきんプロフィール2016」より）

その後、第二次大戦後の高度成長期を経て一九五一（昭和二六）年に「信用金庫」が誕生。現在、全国の店舗数は七三九八（前掲書より）。「大都市に住んでいると目にすることは少ないかもしれないが、地方に行けば行くほど信用金庫の存在感は大きい」と、全信協広報部長の小曽根浩孝さんは語る。

「メガバンクの地方支店、地方銀行の職員もみな、信用金庫の（地元の）情報網にはかなわないと言います。それくらい、私たちは地元の小さな商店主や中小企業に寄り添っているんです。むしろ、地域に受け入れられなければ存在できない。そういう、それぞれの地場を生かした営業・広報戦略は今後の私たちの強みになるでしょうね」（小曽根さん）

③介護や漁業の問題を地域で共有する――ヘキレキ舎（福島県いわき市）

◎地域を批評できること

『東北食べる通信』の編集長で、「食べる通信」という仕組みを生み出した高橋博之さんは、（「食べる通信」を）「誰でも真似しやすい〝にがり〟のようなモデル」と語っていた。この〝にがり〟というのがキーワードだ。豊富な情報網、人的ネットワークを持っていても、結局地元の同調圧力に屈していては、新しい価値観を生み出すことはできない。

良くも悪くも、地域に長く暮らしていると、どうしても近隣の住人やコミュニティとの関係が深くなり、あまり本音で物を語れなくなってしまう。悪いことは言えないし、目立ったことをすれば叩かれるか、過剰におだてられるかのどちらか。これからも地域で暮らしていきたい人、地域に根ざして活動をしていきたい企業にとって、こういう、いちかバチかのギャンブルにでるのは難しい。

しかし、そんなところに必要なのは外の人の目で地域を眺めること。新しい〝視点〟でもって地域を批評することだ。地元の閉鎖的な空気に押しつぶされることなく、かといって暴力的によそ者の価値観を押し付けるでもなく、〝あいだ〟にただよいながら情報を発信し続けること。地域の人や物の流れを再編成する〝にがり〟のような役割をもつ〝人〟がメディアづくりにもっともふさわしい。既存の地域や企業コミュニティから見たら〝ちょっと変わった人〟。でも、よそ者からすれば〝面白い人〟。こういう二面性、〝よそ者性〟と〝うちの人性〟を兼ね備えたキメラ的存在だ。

ある意味、企業のなかで自分の名前をタイトルに冠し、個人的なエピソードを毎号発信する広報誌をつくる三浦さんや、信用金庫の広報誌としてはあまりにも分厚く、個人的な思いで地域の人々の営みを切り取った谷口さんのような存在は、この二面性をもった人だと思う。

◎上海帰りのテレビ局記者がみた地元

福島県いわき市小名浜地区で活動するヘキレキ舎の小松理虔さんも同じだ（二章参照）。以前、東京で開催した地域デザイン学会のフォーラムで小松さんはこう語っていた。

「原発事故が起こって、あらゆる復興事業が公的な予算で行われるようになりました。国からじゃぶじゃぶ湧いてくるお金は、既に地域のなかでもともと力のある企業や青年会議所的なコミュニティに下りていくんです。原発事故でいろいろなことがぐちゃぐちゃになってしまって、かきまわされると思いきや、そうじゃない。もともと与えられない人は与えられないまま、既存の社会構造がより強化されてしまうんです。それが地域の閉鎖性につながっていると思います」（小松さん）

小松さんは大学卒業後、地元のローカルテレビ局の記者を経て、上海に移住し日本語情報誌の編集記者をしていた。二〇〇九年に帰国後、ローカルメディア「tetote onahama」を立ち上げる。完全に趣味で運営していたウェブマガジンだが、そこで取り上げた人たちとのつながりが増えていった。

さらに、地元には仕事が終わった後に遊ぶ場所が限られている。アフターファイブの余暇を、仲間たちとクリエイティブなことをする時間に使いたい。そこで商店街の空きテナントを改装し、地元のかまぼこメーカーで働くかたわらオルタナティブ・スペース「UDOK.」を立ち上げた。いわば、場づくりとメディアづくりを掛け合わせて、自分が暮らす地域を盛り上げようと努めていた。そんな時期に震災が起こった。

「震災、原発事故があって、みんなはっきりとは言わないけれど心のなかでいろいろ思っていることはある。情念のようなものがふつふつと溜まっている。でも、なかなか表には出せない。僕は Twitter で思ったことははっきりと言うタイプなんですが、やはり出る杭は打たれる。でも、誰かが声に出さないといけない。そのためには放射能のこととか、漁業のこととか、もっと自分たちが知らないといけないことがあると思っています」（小松さん）

◎地域の産業を知ることで見えてくるもの

かまぼこメーカーを退職後は個人事務所へキレキ舎を立ち上げ、いわき市役所の地域包括ケア推進課の「いごく」、障害者の就労以降支援事業を行うＮＰＯ法人ソーシャルデザインワークスの「GOCHAMAZE times」など、地元企業や団体のオウンドメディアの運営や広報の仕事をしている。なかにはギャラが野菜で届くこともあるそうだ。そうやって収入を複数化しながら、地域に巻き込まれ、仕事のなかで自然と介護の問題や漁業の問題に触れる機会が増えてきた。

「地元に必要なのは、外部の目です。秋刀魚漁って遠洋漁業なので、台湾とか韓国の船と獲りあったり、地球環境に大きく影響されたりと、ローカルに見えてグローバルなんですよ。こういうことを教えてくれる専門家を魚屋にお呼びしてお酒と美味しい魚を堪能しながら話し合う『さかなのば』というイベントを定期的に開催しています。地域の一次産業を盛り上げましょう、うちは美味しいものがある、というところで満足せずに、長い目で見たときにこれからの漁業を守るにはどうすればいいかをもっとみんな考えたほうがいい。そこまで踏み込んで考えないと、人気が出たとたんすぐ、東京に買い漁られ地元で魚が買えなくなったりする。知らないから受け身でいるしかできないんです」（小松さん）

出る杭は打たれるが、出すぎると打たれない。それどころか、マスメディアに取り上げられ人気が出た農家や漁業関係者は、ある種のスターとしてもてはやされ、さらにそこに民間公共問わずお金が集中する。短絡的な、メディア映えするストーリーは逆に、先ほど紹介したような地域にもともとある権力構造を補強し、地道にがんばっている他の農家や漁師の取り組みを見逃すことにつながりかねない、と小松さんは言う。

「だから僕らは、第二のスター農家を発掘し続けないといけない。収入を複数化し、お金のあるクライアントからきちんとお金をもらっているので、僕はゼロ円でもいいから第二のスターの広報をやりたい。メディアにはその役割が求められていると思います」（小松さん）ローカルメディアは、〝異なるコミュニティをつなぐ〟ためのツールだ、とこれまで語ってきた。でも、だからといって単にAとBをなんの脈絡もなくつないでも意味がない。古くからある人と人のつながり、情報や物の流れは活かす。そこで、人・コト・モノの流路をちょっと変える。例えて言うなら、線路の分岐器のような存在。これが、ローカルメディアづくりに必要な〝視点〟だと思う。

◎メディアにできること——形は変わるが役割は変わらない

総務省が発表している、休日の主なメディアの平均利用時間のグラフを見ると、三〇代〜六〇代は圧倒的にテレビが主流だが、二〇代以下はネットのほうが上回っている。

この流れはどんどん加速していって、やがてテレビをはじめとしたマスメディアの存在感は薄れていくだろう。しかし注目すべきは新聞の購読時間。もはや二〇代や一〇代は新聞をほとんど読まない。雑誌や本なども同じだろう。

しかし、全国規模ではそうだとしても、このグラフに反していまだに都会に比して地方は紙メディアに対する信頼感が高い。回覧板も、新聞も、雑誌も元気な印象がある。お年寄りの割合が多いからだろう。一九七〇年代に全国でいっせいに誕生したタウン誌がいまだに各地で息づいているのがその証拠だ。彼らはその歴史をバックに固定した読者層をきちんと抱え込んでいる。また、既存の情報網、流通網を生かし、新たなつながりを生み出すという意味では、金融機関、商店会、タウン誌などが長年培ってきたネットワークは武器になる。古い閉鎖的なコミュニティは、新しい視点を投げ込むことで〝反転〟して利用可能な資源にもなる。小松さんはこんなことも語っていた。

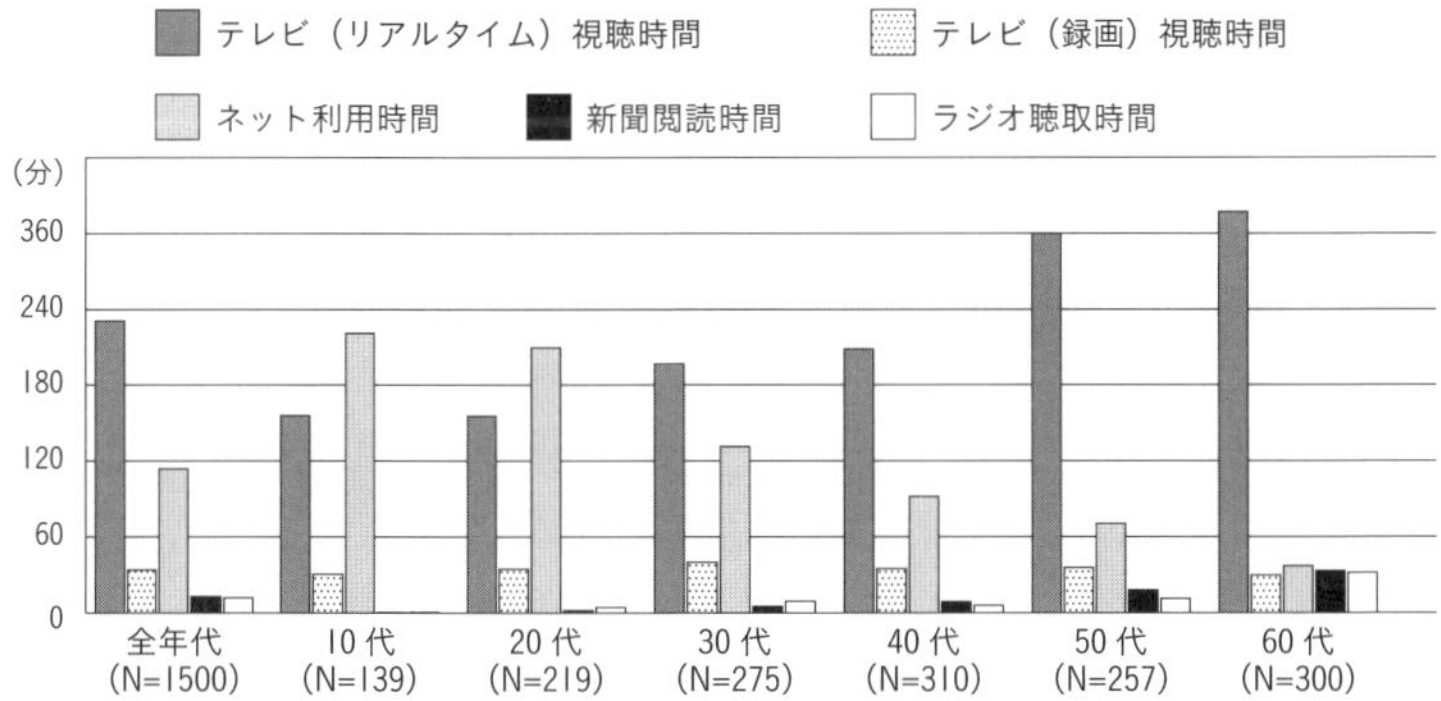

主なメディアの平均利用時間（全年代、年代別、2015（平成27）年・休日1日）
（出典：http://www.soumu.go.jp/iicp/chousakenkyu/data/research/survey/telecom/2016/02_160825mediariyou_houkokusho.pdf）

「創刊三八周年の『タウンマガジンいわき』というタウン誌があって、いわきと言いながら商圏は茨城の日立くらいまである。『ときわ路』っていう架空のエリアを設定して、北は原発がある富岡、南は日立まで射程に入れているんです。北茨城の業者をクライアントと考えたからだと思います。でも、この『ときわ路』という見方は大事で、『ときわ』というのは『常磐』を指します。そしてその常盤というのは、日立といわき、さらに原発のある双葉郡くらいまでのエリアを指すんですけれど、今回の原発事故に加え、東海村ではかつて被爆事故が起きています。『ときわ路』の北と南で原子力の事故が起きていることになる。こんな場所は他にない。東北にいると、行政区域がいかに外から押し付けられたものなのか痛感します。そこから自分のエリアを取り戻すこともメディアにはできることなのだと感じました」（小松さん）

このように、メディアは地域の固定化したコミュニティを攪拌する役割をもっているのと同時に、地域の新しい地図を生み出すことができる。まさに『谷中・根津・千駄木』が「谷根千」という括り方を発明したように。そのために必要なのは、地域に古くから残る人的ネットワークや慣習、手仕事的な生業など目に見えない文化的遺伝子に新たな角度から光を当てる〝視点〟だ。

そして実は、特定のエリアに顧客がいたり、古くから地場のある企業は、その目に見えないつながりを活かし、メディアを手段にして新しい地域イメージを発信するポテンシャルを持っている。

3 市民がつくるメディアとまち――本当の担い手はいつも個人

①出発はお母さんたちの仕事づくり――『右京じかん』（京都市右京区）

◎関西の雑誌文化

ローカルメディアを探して全国を歩くと、地域性のようなものがおぼろげながら見えてくる。カフェや市役所、公民館や駅のホーム……先入観を捨ててとにかく手に取ってみる癖がついてしまった。全戸配布の市民新聞から、行政のお知らせ、妙に凝ったデザインの移住者向け冊子、手書きのわら半紙のようなイベント告知のチラシなどさまざまだ。そうしていつも帰りにはカバンのなかがいっぱいになっている。

関西、特に京都を歩くとあらゆるところでローカルメディアが目につく。文化的に豊かな土地柄だからだろうか、地域内のコミュニティが強いからか。とにかく、一方的に自分の趣味だけでつくられているのではなく、きちんと読まれ、「このあいだフリーペーパーに載っていた人がさ……」なんて会話も自然と起きているくらい、市民にとって紙のローカルメディアに対する愛着が強い印象がある。「只本屋」「風の駅」などフリーペーパーを集めたお店もあるくらいだ。

他にも、書店、コンビニに行くと必ず目にするのが『Meets』や『Leaf』といった、京阪神エリアを商圏とする雑誌もよく読まれている。東京に住んでいて、雑誌にどこどこのお店が取り上げられた、なんていう会話は本当に聞かなくなってきたので、関西に行くといつも新鮮な気持ちになる。

関西に限らず全国各地で東京発信のライフスタイル誌、カルチャー誌の代わりにその土地のタウン誌がまだまだ売れている。若者の本ばなれが加速しつつあるなかで、「雑誌文化」が残っているのが懐かしくもあり、羨ましくもある。

◎小さな愛読書

読み応えがあり、市民に親しまれ、長い期間発行されているローカルメディアもたくさんある。どれか一つ、と取り上げるのは難しいが、今回はそのなかでも京都市内で発行されている『右京じかん』というフリーペーパーを紹介したい。

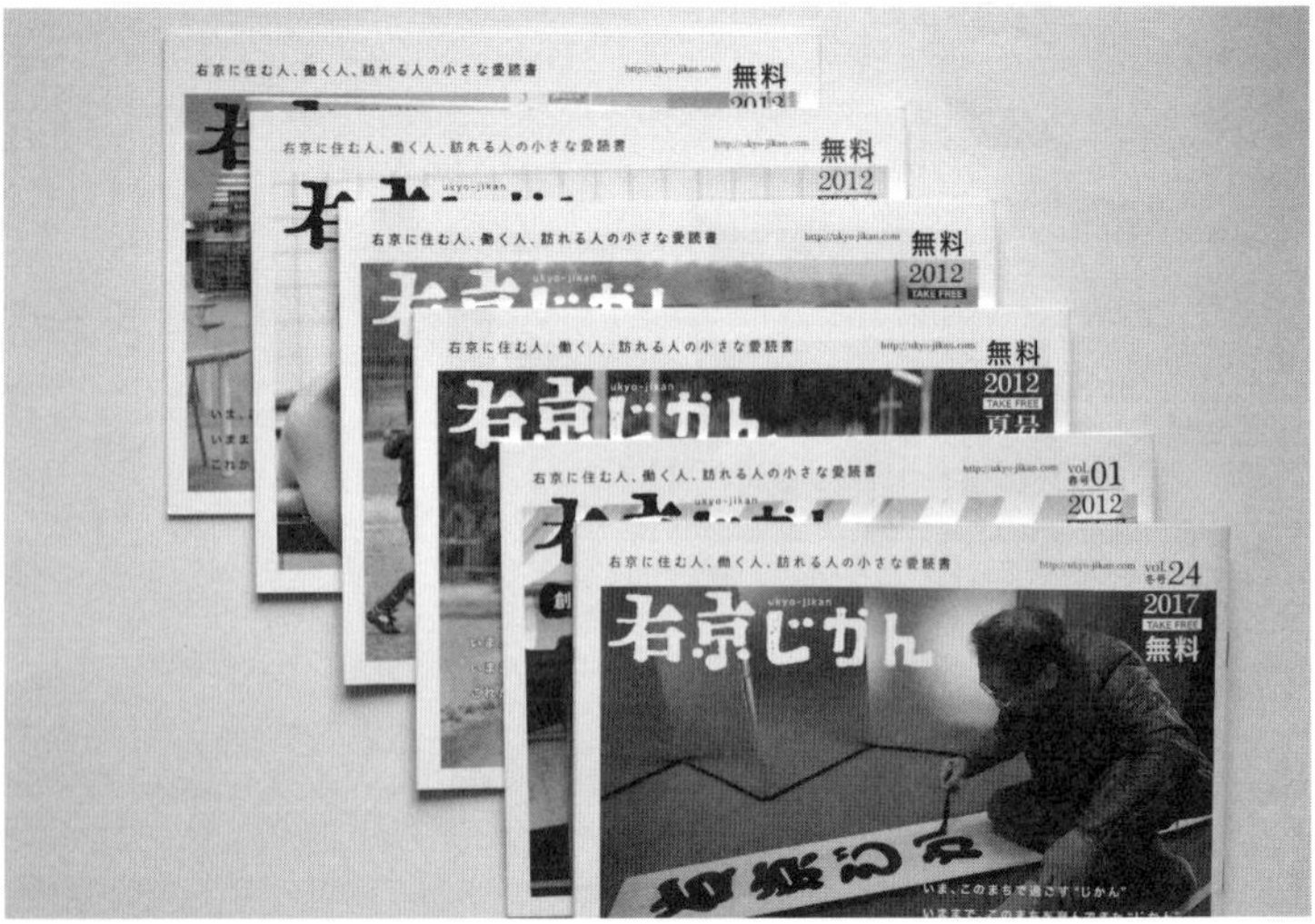

お母さんたちが立ち上げたフリーペーパー『右京じかん』

もともと、同じ幼稚園に通う子どものお母さんたちが立ち上げたNPO法人「子育ては親育て・みのりのもり劇場」から始まったフリーペーパー『右京じかん』は、年四回発行、二〇一八年春現在で二五号発行されている。

テーマは「右京に住む人、右京で働く人、右京を訪れる人の小さな愛読書」。これがまた、京都市右京区にあるさまざまなお店、施設で目につくし、右京区に住んでいる人で知らない人はいないだろう、というくらい認知度が高い。

「うきょうわらしべ」という企画が特に有名だ。みんなが知っている「わらしべ長者」を、右京区にいる人たちで実際にやってみたらどうなるか、というもの。これがすごくて、チロルチョコから始まり、最終的には古民家になったらしい。さらに、床下からは五万円が出てきたそうだ。現在はその古民家を有志で改装するクラウドファンディングがスタートし、改修の様子を誌面で紹介している。

◎お母さん劇団

この『右京じかん』を発行する「みのりのもり劇場」の代表は伊豆田千加さん。京都少子化対策総合戦略会議の委員を務めたり、一大観光地・嵐山へ向かう路面電車「嵐電」とコラボし、電車をパトカーの模様にラッピングした「パトカー電車」を走らせるなど、地域の企業とコラボした企画を多数仕掛けるパワフルな女性だ。このNPO、名前のとおり、もともとは保護者のお母さん同士の〝劇団〟から始まった。

「太秦にある自然幼稚園という幼稚園の園長さんが、卒園した子も含めて何代かのお母さん方を集めて、園の設立八〇周年に何かしたい、とおっしゃったんです。私たちも『今の子育て、大丈夫？』という思いがあったから、『子育てを喜劇仕立てにしてお芝居したら面白いんちゃうか』と提案したんです。基本は笑える劇だけど、『自分は大丈夫かな』とちょっと反省したりしてもらえたら、子どもたちに対する態度も変わるんちゃうかと思って」（伊豆田さん）

幼稚園でやる劇だからといって、子ども向けではない。現役の幼稚園児のお母さん向けに、卒園組のお母さんが見せる、大人向けのセミナーといった趣向だ。これが「笑えるけど勉強になる」と評判になり、自然幼稚園以外のところからも呼ばれるほど人気になった。そこで、「謝礼も出るし、ボランティアベースではスタッフのモチベーションが続かないから」とNPO法人にした。

◎お母さんたちの仕事づくり――ワークショップ、カフェ、ローカルメディア

他にも、子どもだけじゃなくお年寄りも出店する手づくり市や、プールに鯉をはなして捕まえ、自分で火を起こして捌いて味噌汁にする自然体験のワークショップなど多彩な活動を行ってきた。

事務所があるのは、大魔神が鎮座する大映通り商店街の「うずキネマ館」。映画で有名な右京区・太秦にちなんで映画のパンフレットやポスターが展示されたカフェが一階にあり、二階が「みのりのもり劇場」の事務所になっている。

実はこのキネマ・キッチンというカフェも、「みのりのもり劇場」が運営している。働いているのは主に子どもを持つお母さんたち。NPOを立ち上げた理事メンバーも時にはカウンターに立ってあくせく働く。お昼どきになるとお店の前にママチャリがたくさん止まっていて、店内も活気に溢れている。

「もともとお母さん方の継続的な雇用を生み出したいというのがNPOのコンセプトにもあったので、おばんざいバイキングというシェフのいらないメニューを開発したり、お水はセルフサービスにするなど工夫してやっています」（伊豆田さん）

『右京じかん』という情報発信媒体を立ち上げたのも、もともとはお母さんたちの仕事をつくるためだった。でも、道のりは険しかった。

「NPOを起ち上げた時、誰もパソコンが使えなかったんです（笑）。そこで、まず自分たちで勉強

カフェやみのりのもり劇場の事務所が入る、うずキネマ館

して使えるようになるために、幼稚園のなかにあるお寺のお座敷で、お母さんたちに向けたワンコインセミナーを始めました。一人だけパソコンが少しできるスタッフがいたので、その人が講師となって。マウスを動かしてくださいとか（笑）。そうやって取材した音声を文字に起こしたりしてね……」（伊豆田さん）

伊豆田さんは太秦の撮影所で音響の仕事をしていた、映像畑の出身。大阪でＡＤとして朝の報道番組にも携わっていた。だから、取材の要諦は分かっている。足りないのはスタッフのスキルだけだが、それも上記のようなセミナーを開催して身につけていった。

今では先ほど紹介した「うきょうわらしべ」以外にも人気コーナーがある。「途中から始まったクロスワードコーナーは、もともとクロスワードをつくるのが趣味で、自分でつくったクロスワードを配ってる地元のおっちゃんから始まった企画です。『おもろいからやってみい』と言われてやってみたら『おもろいやん！』ということで、掲載を始めたところ、一〇代から七〇代の読者からどんどんクロスワードが投稿されるようになって。アンケートと一緒に届くんですよね」（伊豆田さん）

読者参加型コンテンツは、ローカルメディアにとっては読者とつくり手の信頼関係を図るバロメーターでもある。下手をするとつまらなくなるが、うまくハマればそれがメディアを駆動するエンジンにもなる。『右京じかん』のような地元密着のメディアには相性がいいのだろう。

そうこうしているうちに、一本の電話がかかってくる。「うちのエリアでもこういうものがつくりたいんですけれど」という。『右京じかん』の「じかん」が一人歩きしはじめた瞬間だ。最初に声がかかって立ち上がったのが『山科じかん』。その後、京都市内では『下京じかん』『北区じかん』『西京区じかん』が続き、府内では『南丹じかん』『中丹じかん』『福知山じかん』『乙訓じかん』、府外では『愛媛・中予じかん』他、テーマ切りで、府更生保護女性連盟が発行する『京更女じかん』というのが立ち上がった。廃刊や休刊もあるが、現在七誌が「じかんシリーズ」としてネットワークをつくっている。

「もともとのコンセプトが、地域の人たちの生業にしようというところから始まったので、私たちのノウハウを教えて、基本的には自分たちでやってください、ということにしています」（伊豆田さん）

判型もほぼ一緒で、ロゴもすべて伊豆田さんが筆で書き下ろしている。京都を訪れるとさまざまな地域でこの「じかんシリーズ」が目に止まる。配布先も自らの足できちんと開拓しているからだ。でも、取り扱っているのは京都のなかでもさらにローカルな地域。広告もそのエリアの企業などの広告が入る。地元民に愛されなければ成立しない超ローカルメディアたちだ。発行元もさまざまで、例えば『山科じかん』の発行元は地元密着の学習塾。とはいえ運営は大変なので、最初の立ち上げは自治体の助成金などを活用するが、その後は自分たちで広告を取り、印刷費をまかなえるようにしないといけない。狭いエリアだから読者も少ないので、発行部数も限られている。

「例えば右京区は人口が二〇万人なんですよ。一万部刷っているので、〇・五パーセント。毎号、綺麗に一万部なくなります。もう少し印刷費を出して二万部刷りたいところだけど、これくらいがちょうどいい

のかもしれません」（伊豆田さん）

とはいえ、「じかんシリーズ」全体を足し合わせると一〇万部くらいになる。京都・滋賀エリアをカバーする雑誌『Leaf』が八万部と考えると、ローカルメディアとはいえ大きな勢力だ。しかもバックナンバーがなくなるくらい余りが出ない。全国を対象にした雑誌が、毎月どれくらいの返品にあえいでいるか。メディアを発行したいと考えるなら、自分たちの趣味や関心でつくるのではなく、まず最初に届けるべき人の顔をイメージし、きちんと読まれるメディアに育てなければならない、と改めて考えさせられる。地域の読者の顔が見えているメディアとは、つまりその地域で発行する必然性を獲得しているメディアである。

そして、メディアづくり自体が、その地域の読者だけではなく、つくり手にとっても必然性のある事業であることも大事だ。『右京じかん』は、地元のお母さんたちの仕事をつくりたい、という想いから始められた。それは、カフェの運営と一緒。地元の雇用創出が目的で、メディアはそのための手段。でも、伊豆田さんをはじめとしたパワフルな市民がメディアを手に携え地元をめぐることで、それは大きな存在感を発揮する。チロルチョコを古民家に化けさせたりすることが、メディアにはできるのだ。まちづくりのためにメディアの機能を最大限活かしている『右京じかん』を見ると、紙媒体にもまだまだ可能性があると気づかされる。

②土地の歴史を掘り続けた、元祖ローカルメディア――『谷中・根津・千駄木』（東京都文京区・台東区）

◎世代も価値観も異なる地域内の人に向き合う覚悟

今、全国でまちづくりにIターン、Uターンの若いエネルギーが注がれている。地域おこし協力隊として、就職先として、あるいは土地をもつ実家を頼って地元へ帰る若者たち。元気のいいグループや、面白い活動をしている人は「ローカルな暮らし」を取り上げるウェブマガジンや雑誌でよく取り上げられる。そして、アクセスの悪い山間部に暮らす人も、地方都市でクリエイティブな仕事をしている人も、〝その界隈〟の人たち同士でつながりを深めている。

こうした流れは、地元民だけの閉鎖的なコミュニティをほぐすにはとてもいい。外部のメディアに紹介されることで、外の目を地域に投げ込むことができる。

しかし、そこは昨今のローカルメディアブームが陥りがちな問題もはらんでいる。外部の目、外部で得たスキルを地域に活かすことは大事だが、しばらくすると同じ趣味嗜好をもつ同世代のコミュニティで固まってしまう。また、その地域ごとに、その地域ならではの価値観を生み出すためにローカルメディアがあるべきなのに、全国規模の雑誌やウェブメディアが発信する「豊かな暮らし」にすべからく同調してしまう「田舎暮らし発信のおしゃれフリーペーパー」「市民参加をテーマにしたソーシャル・ウェブマガジン」が量産されてしまう。趣味嗜好が合う人同士で情報を交換する「ミニコミ」「リトルプレス」などのメディアは、地域に縛られず他の地域に住む同じ趣味のあう人たちでつながるためのメディアだ。

しかし、ローカルメディアはそうじゃない。地域に密着し、そのなかで情報を交換することに徹したほうがいい。それはつまり、価値観も、世代も異なる地域内の人々にいやでも向き合う覚悟をする、ということである。

◎二五年間の活動を支えたもの

一九八四年に森まゆみさん、山﨑範子さん、仰木ひろみさんの三名によって創刊された『地域雑誌　谷中・根津・千駄木』は二〇〇九年に終刊を迎えたが、二五年の月日のなかで、地域社会に及ぼした影響は計り知れない。文京区と台東区という行政区の異なる三つの地域（谷中・根津・千駄木）を、自分たちの生活圏ととらえ一括りにしたことで、その後に「谷根千（やねせん）」と呼び称されるようになって、実質的にこの言葉が地域の代名詞となった。『谷中・根津・千駄木』を外してローカルメディアを語ることはできない。

ローカルメディアは文字どおり地域の価値を高め、新たな地図を描くことに寄与することがある。短いスパンでインパクトを求めるならば、メディアをつくるよりももっと直接的な経済波及効果を生み出す事業を行なったほうがいい。もし地域にとって必然性のあるメディアを発行したいならば、一年や二年で終わるものをつくっていてはダメだ。

そして、まちを元気にしようとか、地域での暮らしを豊かにしようと考える仲間たちの「横軸のつながり」をつくることは大事だが、それだけではなく、その地域に残る歴史、風習、手仕事などの文化をつぶさに紐解いていくことが重要だ。そうした「縦軸のリサーチ」は、目の前の状況を変えるためにすぐに役に立つものではない。無理矢理にも観光資源をでっち上げて、観光客を増やしたいなら別だが、一〇年、三〇年、五〇年その土地で暮らしていく人たちのためには必要なものだ。『地域雑誌　谷中・根津・千駄木』の編集部の一人、作家の森まゆみさんはこう語る。

「例えば建物の保存とか、不動産を再生しようとするとき、周辺の地域研究をしろとまでは言わないけど、土地の歴史を調べることは大事だと思うの。古いものは古びないのよ。一〇〇年前のことを書い

1984 年から 25 年間発行された『谷中・根津・千駄木』

たものはたぶん三〇年後も残るけど、今あるまちの美味しい店を調べても、三〇年後にはなくなっているかもしれない。新しいものから早く腐っていく。だから、若い人たちはもっと歴史をやったほうが伸びるのに、と思いますね」（森さん）

何代も続く銭湯や町工場など、失われゆく町の風景を記録するために『谷中・根津・千駄木』では市井の人々のオーラルヒストリーを丁寧に紡いでいった。その取材の過程を経て、記事には関東大震災や戦争、江戸時代の歴史が折り重なって見えてくる。そして、森さんたちは記録に残りづらい消えゆくまちの人の記憶を残していくのと同時に、地元ゆかりの文人や歴史的建造物の由来を調べ書き残していった。まさに、横のリサーチと縦のリサーチの両方でこの地域の文化的価値を掘り起こしていったのだ。地元のお祭り「菊まつり」のために発行した『谷中・根津・千駄木』の創刊号から、そのスタンスは変わっていない。

「まちのお年寄りを客体として見るのではなく、その背景にある歴史と、自分たちがこれからやっていきたいことを接続させることが大切ですよね。それに、私たちは自分たちが暮らす地域のことを書いているわけだから、やはり地域の人とは仲良くしなくちゃいけない。でも、私たちはジャーナリストだから、あまりべったりする必要はないんです。行政や地元の重鎮にもはっきりモノを言えて、発言はブレない。そういう立ち位置は守っていくべきだと思います」（森さん）

『谷中・根津・千駄木』は三名の、地域に暮らす市民によって誕生した雑誌だが、森さんも山﨑さんも、もともと出版社で働いていたプロ。しかも、今と違って版下をつくり印刷所に入稿するのは大変だ。DT

Pの普及により出版がより民主化された今とは全然違う。そんななかで取材し、執筆し、流通先の開拓や配達も自分たちで行なってきた。これを寝る間もおしまず二五年もの間やってきたわけで、気軽にメディアをつくれる今と違って、本当に好きでスキルがないとできない仕事だったと思う。

配達は毎号、森さん、山﨑さん、仰木さんでそれぞれ一〇〇か所（！）分担して行っていたという。置いてくれるお店には、仰木さんお手製のラックを設置してもらったりもした。雑誌をつくって、届ける。しかも、全国規模で届けるのではなく、地域の人たちに届けることを旨とした。それでも、毎号かなりの部数が売れていた。「うちの息子が言うんです。『母さんたち偉いよ、こんなにたくさん毎回配って歩いて。でもヤクルトレディの方がもっと偉いよね。毎日配ってるんだよ』って（笑）。それ言われるとそうかなって思っちゃうんだけど、一番多い時は一万六〇〇〇部くらい売れていましたから」（森さん）

今もういちど雑誌をつくりたいか、という質問に、森さんはこう答えてくれた。

「子どもを寝かしつけながら徹夜でやっていたからね。それでも、本当に楽しかった。山﨑さんも『もう一回やれと言われたら嫌だけど、あの時間は後悔してない』って。私もそう思う。あとは、私たちが撒いた種がこの地域の新しい世代にどう受け継がれるか、興味があります」（森さん）

二〇一七年末には、『谷中・根津・千駄木』の特集展示が、カフェや展示スペースが一体となった地元のお店HAGISO（三一頁参照）で行われた。『谷中・根津・千駄木』が生まれるきっかけをつくった「菊まつり」の仕掛人・野池幸三さんや、市民団体の方たちを囲んで『谷中・根津・千駄木』の軌跡を振り返った。

終刊してから一〇年近く経つが、現在は「谷根千ねっと」でバックナンバーを販売したり、アーカイヴされている。そして一番大事なことは地域を担う新しい世代が、先行世代の取り組みをどう引き継ぎ、まちを更新していくか、にある。

『谷中・根津・千駄木』が残したものはたくさんあるが、一つ言えるのは、多様な世代、異なるコミュニティがひしめきあう地域内で、あらゆる情報を交換し合うプロセスの豊かさを教えてくれたこと。

「いちばん楽しいのは、育ちかたも考えかたもさまざまな人に会えるということだ。職人さん、お店屋さん、お年寄り、勤め人に学者、芸術家、主婦、学生、子ども、地域には、いろんな人が混ざって住んでいる。どの人ともぴったりウマが合う、なんていうことはありえないが、『谷根千』をめぐってすこしづつ共感し、わかりあえること、それが、たとえようもない喜びである」（『小さな雑誌で町づくり『谷根千の冒険』』森まゆみ、晶文社）

一方的に情報を発信するマスメディアと違って、受け手とつくり手の間で情報を絶えず交換し合う〝媒体〟であること。それは、今の時代、何も紙メディアやウェブメディアである必要はないだろう。HAGISOやTAYORIのような場もまたメディアである。時代の流れに淘汰され出版やメディアをめぐる状況は変わっていくこともあるだろうが、地域の人と人、歴史と今をつなぐ〝乗り物〟としてのメディア『谷中・根津・千駄木』の遺伝子は、これからもこのまちの価値を高める〝方法〟として参照され、かたちを変えて引き継がれていくと思う。

③まちの中心ではなく、外縁部を掘り起こす実験──サーキュレーション キョウト（京都市）

◎まちのヒエラルキーを見直す試み

二〇一七年に、京都市の文化振興財団が運営するロームシアター京都という劇場がハブとなり、同じく同財団が運営する複数の文化会館と連携し、一般市民参加のもと一年かけてローカルメディアをつくるワークショップ「まちの見方を一八〇度変えるローカルメディアづくり〜CIRCULATION KYOTO（サーキュレーション キョウト）」が開催された。僕はプロジェクト・ディレクターとして参加し、東京から他にアートディレクターの加藤賢策、編集者の上條桂子、京都在住のリサーチャー榊原充大をプロジェクト・メンバーとして迎え、全五回のレクチャーを通して市民参加型メディアを構想、二〇一八年三月には一般公募で選ばれた参加者がそれぞれ五つのメディアを制作・発表した。

このプロジェクトが異色な点は二つある。一つは、本来なら芸術作品を制作・興行する劇場が拠点かつ主体となり、作品制作ではなく、メディアをつくることを目的としたプログラムを組んでいること。もう一つは、ロームシアター京都が連携する、市内五つの文化会館が、いわゆる京都の中心部（洛中と呼ばれる）ではなく、その少し外側に位置していること。

タイトルにもあるとおり、これら京都市内の〝外縁部〟をCIRCULATION（循環）しながら、各地域に共通する課題や、今までにない京都のイメージを掘り起こそうという意図がこのプロジェクトには込めら

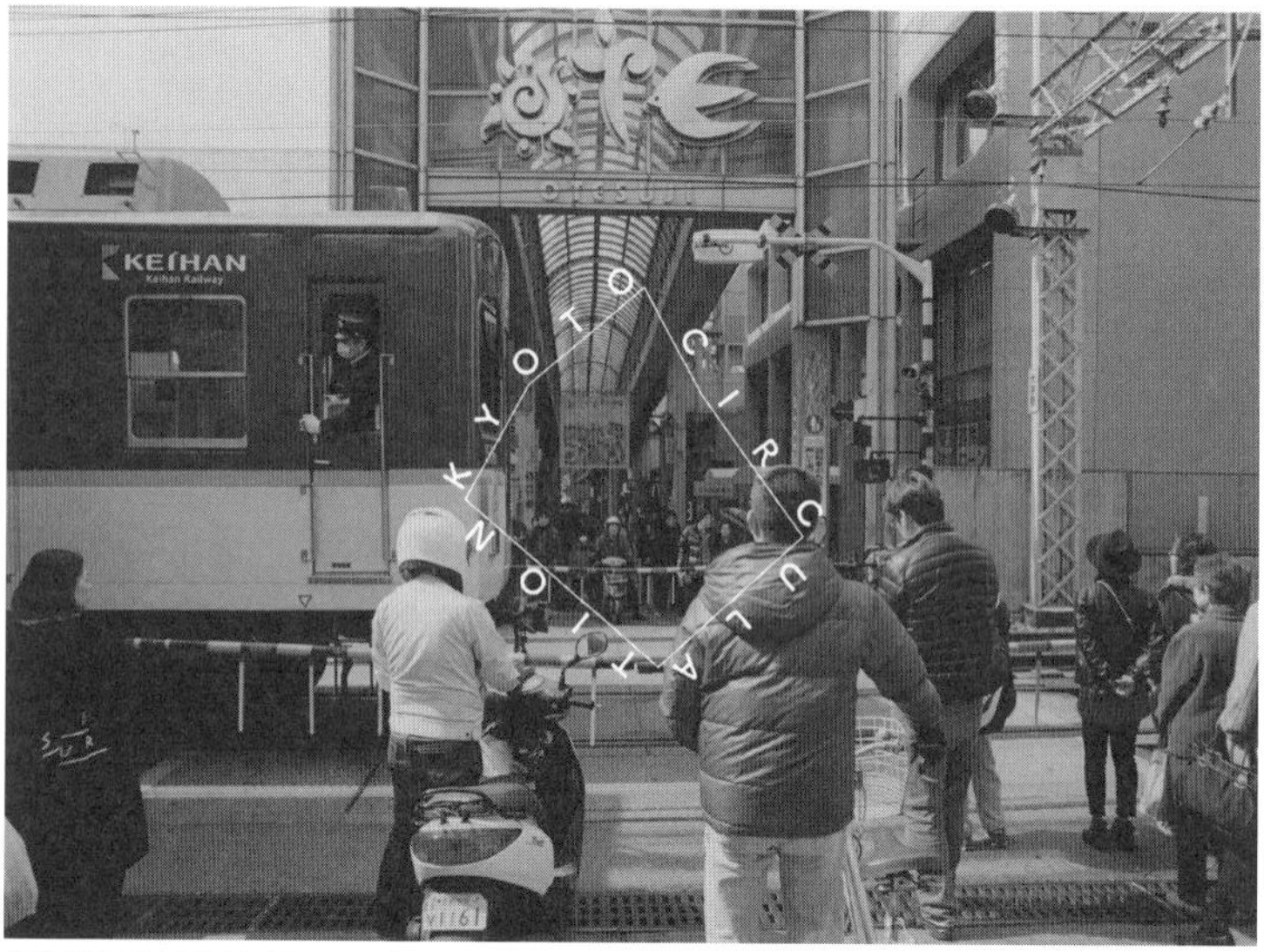

「CIRCULATION KYOTO」ロゴ(撮影：成田舞、ロゴデザイン：加藤賢策)

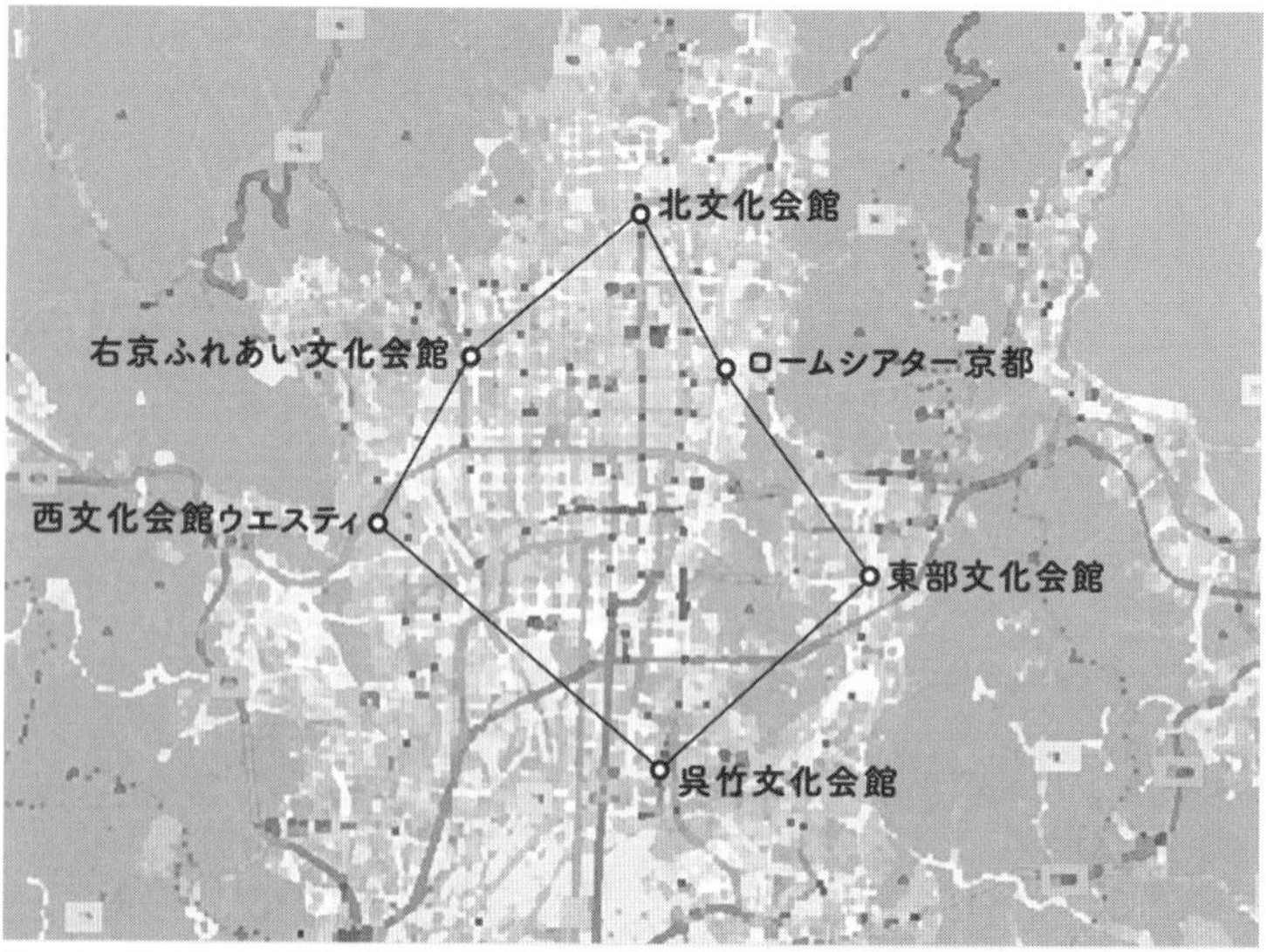

サーキュレーションキョウトが対象とするエリア

れている。僕たちプロジェクト・メンバーは、二〇一六年の冬から二〇一七年の春にかけて、これらの文化会館が位置する五地域（山科区、伏見区、西京区、北区、右京区）に何度も通い、周辺の住民や、まちづくりＮＰＯや企業、金融機関などの担当者に会って、これら地域の特色、課題をヒアリングしてきた。そのなかで見えてきた知見や人脈を参加者に手渡し、今までにない「京都」のローカルメディアを五つ発表してもらった。

◎京都のエッジ地域、洛外の歴史的役割

洛中と洛外。中心部に近いか遠いかでヒエラルキーが生まれる独特な京都という土地。京都市内ではあるが、御土居の外側、洛外にある右京区、伏見区、山科区、西京区、北区の五つのエリアにそれぞれ存在する文化会館を拠点に活動するため、「洛外であるが市内」にある京都の各エリアにとって必然性のあるメディアを構想しなければならなかった。そもそも対象エリアは、酒どころと伏見稲荷大社で知られる伏見区、山を一つ隔てた山科区など、地域ごとの文化・環境の違いが甚だしい。

実は、この制約が、プロジェクトをドライブする機能をもたらした。京都は五山の送り火で知られるように、周囲を山に囲まれた盆地に綺麗に収まっている。そして、西に愛宕山、東に比叡山と、篤い信仰を集める二つの山に守られている。どこまでも続く関東平野の茫漠とした風景とは異なる。ヒアリングをした関係者の一人、奈良文化財研究所の惠谷浩子さんは、京都市内であるが洛外に位置する地域は、「周辺

の山々で採られた一次産品を『加工』し、都の中心部へと届ける役割を担っていた」と教えてくれた。

「具体的には、山間部のクマザサを利用して祇園祭の厄除ちまきをつくる地域があったりします。また、各々の加工生産物のルートを逆に辿り、都の文化が外に広まっていったという側面もあります」(恵谷さん)。他にも、海が遠い京都だからこそ生み出され、洗練されてきた鱧や鯖寿司、すぐきや菜の花の漬物などの食文化……そうしたモノの物流の経路の中継地にあり、洛中の文化を洛外から日本各地へ伝播させてきたのが、これらの地域の人々だったのではないか。

ある意味、京都の外と内の〝エッジ〟にある地域が、都の文化を成り立たせる「フィルター」となっていたわけだ。こうした視点で京都のまちを見ることができるとしたら、例えば加工した木材の端材で

洛外エリアの一つ、西京区の洛西ニュータウン(撮影:成田舞)

つくった建材や、あまった食材でつくる、その地元にしか存在しない「まかない」のような料理から、境界を担う地域の共通点が見えてくるかもしれない。

　京都駅を起点に中心部をぐるっと回る市バス二〇六系統のルート周辺を巡ったエッセイ『京都の平熱』のなかで哲学者の鷲田清一氏は、「街をやんわり包む鄙（ひなび）」と、坪庭など「町家の中に組み込まれた鄙」との間に、都は二重に挟まれていると語った。郊外の田舎性と市中の都会性が往還し混じり合って成り立つ都市の性格の一端を言い当てているように思う。

　作家の井上章一氏は『京都ぎらい』のなかで、洛外出身者が洛中の人々に対して抱いている複雑な感情を吐露している。「東京のメディアが洛中の人間をおだてるから彼らはつけあがるのだ」という趣旨のことも書いている。東京から京都にやってきた人

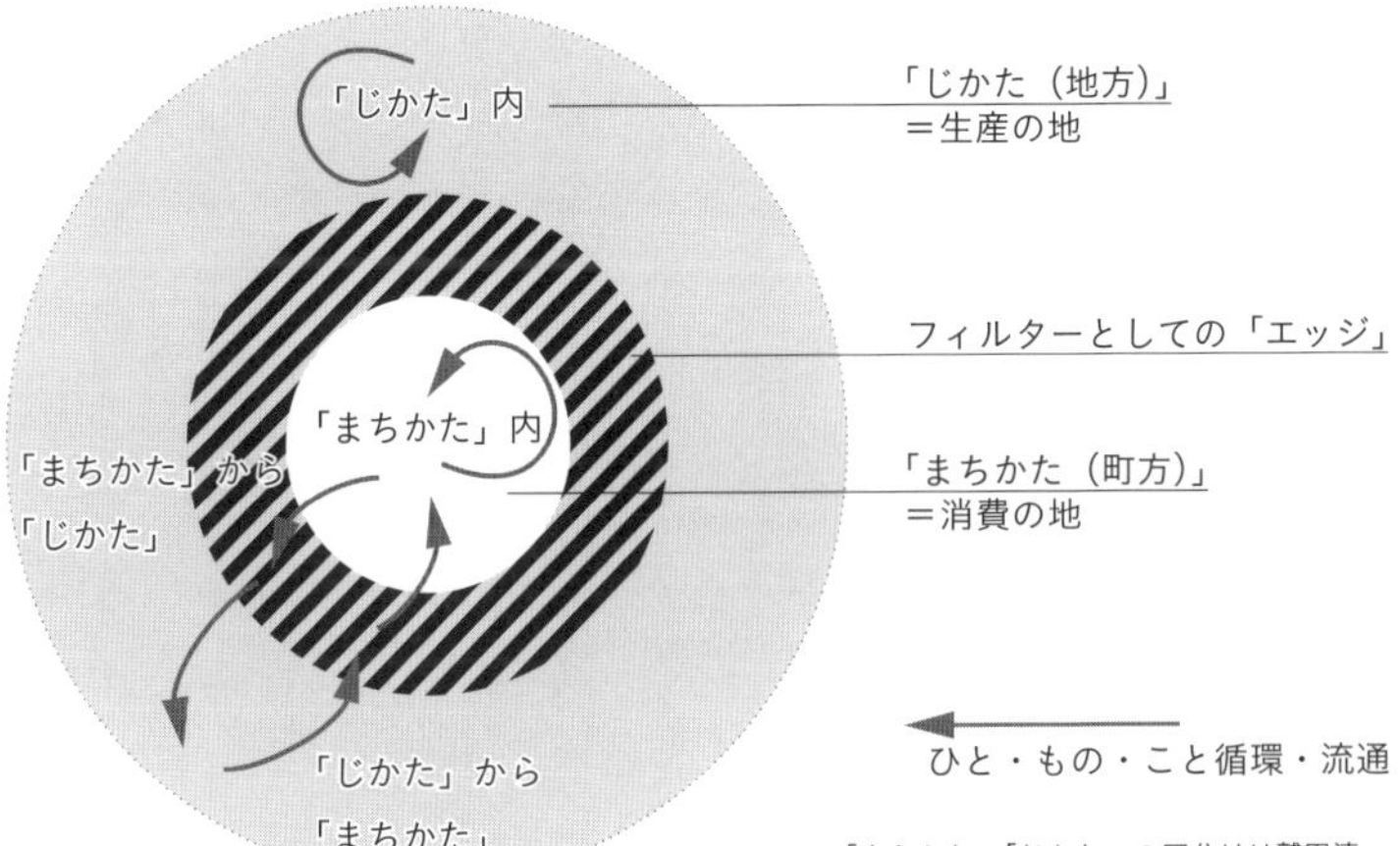

「まちかた」「じかた」の区分けは鷲田清一
「集団として生き延びていくために」より

サーキュレーションキョウトのダイアグラム（© Hiroko Edani, Mitsuhiro Sakakibara）

間は正直、その微妙な感覚は共有できない。むしろ、関東出身者がいちばん憧れを抱く地域といえば京都だし、広告、雑誌の特集に洗脳され、完全に浮かれた観光客として振る舞ってしまいがちだ。

しかし、僕たち観光客がイメージする京都は、本当に狭い範囲であることに気づかされる。電車に一〇分も乗れば、西は桂川を越えるし、東は山科まで行けてしまう。しかし、これらの地域は郊外のキャンパスに通う学生でなければ頻繁に訪れる機会もないだろう。

実際、風景が違う。特に興味深いのは、高度成長期に造成された洛西ニュータウンや醍醐石田団地などの巨大な団地群だ。当然ここでは首都圏と同じように、高齢化や空き家、治安や老朽化の問題を抱えている。今回のプロジェクトが目指したのは、観光客、あるいは京都中心部の生活者さえもが知らない、もう少し広いレンジで見た京都のイメージを「ローカルメディア」によって浮き彫りにすることだった。

◎アイデア、立ち上げ、自走まで

こうしたワークショップはよく、アイデアを発表して終わりになることが多い。だから、サーキュレーションキョウトは最終的に自分たちでメディアを立ち上げ、それを自走させていくことを目的とした。とはいえ、手がかりが何もない状態でスタートするのは難しい。事前に、補助線になるような視点と、そのリンク先アドレスをプロジェクト・メンバーでリストアップし、まとめて参加者に開示、その後、第一章でも紹介したカードを使ったワークショップを行った。

ワークショップ、レクチャーを経て、仕事や学業で忙しい合間をぬって自主的に集まり、地元の人へのヒアリングやミーティングを重ねてきた各チームは、実際に五つのエリアで五つのメディアを立ち上げた。例えば右京区では小倉山発祥の百人一首をローカルテーマに、上の句を右京区にある企業などが「お題」として発表し、それに応える下の句を右京区民から募集、短歌会などで交流を促す「うたのまちうきょう」というプロジェクトが生まれた。

北区では、野菜をトラックに乗せて売る「振り売り農家」が多い。ここに買い物に来る近所のお年寄り同士のコミュニティ機能から着想を得て、北区在住のお年寄りの思い出の品をエピソードとともに預かり、それを北区の若者に届け、若者からは、未来の自分からもらったと仮定して感謝の手紙を預かり、元の持ち主に届ける「振り継ぎ」というプロジェクトが生まれた。

大阪と京都を水運で結び、三十石船がせわしなく往来していた伏見はかつて、人や文化、物資が集まる港として栄えていた。しかし現在は観光用の十石船があるだけ。鉄道網が発達し水運が利用されなくなったからである。かつての伏見の賑わいと、雑多なコミュニティが交流する「港」を現代によみがえらせるために、伏見区チームが考えたのがカーゴバイクを船に見立てた「伏

補助線になるような視点(一部)

物流・流通	通勤通学、ランニングマップ／タクシー運転手から見た京都／ショッピングセンターの物流／公共交通……
情報の流れ	京ことば／都市伝説、うわさ／らくがき（落書（らくしょ）、落首（らくしゅ））／折り込み広告……
歴史性、地域性	空襲／地蔵盆／番組小学校／団地／映画／製造業……

カードワークショップのようす。学生や社会人が参加した

西京区チームのプレゼンテーションのようす

見マール」。蓋を締めればテーブルになり、停泊した先々で立ち飲みが始まるかもしれない。

◎メディアなのか？

これらのプランが果たして「メディア」と言えるの？ という向きもあるかもしれない。しかし、本書を通して語ってきたように、ローカルメディアは目的ではなく手段であるべきだ。おしゃれなフリーペーパーやウェブマガジンをつくることが目的化してしまっていては、地域における必然性を獲得できない。『右京じかん』をはじめ、紙のローカルメディアは既に京都にはたくさんある。わざわざ競合する必要はない。「異なるコミュニティをつなぐ」をキーワードに、斬新なメディアのかたちを発想してほしかった。

また、公的資金に頼っていては、自分たちのモチベーションで長く運営していくことはできない。そのため、第一章で紹介した四つのポイント「発想の斬新性」「地域における必然性」「運営の継続性」「資金の調達先」を、ここでも参加者に課した。

マクルーハンによれば、メディアとは人間の手による「技術」である。また、メディアとは情報を介して古い関係性をほぐし新しいコミュニティを結ぶ「手段」でもある。そう考えれば、紙やウェブというかたちにとらわれる必要はない。サーキュレーションキョウトで発表された五つのローカルメディアは、そういう意味で紛れもなく「メディア」だと言える。

また、一年間かけて職業も出自も住んでいる場所も年代もバラバラな参加者がチームを組み、平日の夜遅く、休日を返上してまでユニークなメディアを生み出そうと試行錯誤を続けてきた。まさに、この五つのグループそのものが「異なるコミュニティに属する人々」なのだ。メディアはでき上がったものそのもののクオリティよりも、プロセスづくりのほうが重要だ。五年後、一〇年後、この五つの小さなグループから生まれた人と人とのつながりが、末長くその地域で続いていくことを願っている。そうしたコミュニティをつくり、ワークショップ終了後も、まちづくりの担い手として残っていくことこそが、このプロジェクトの目的だった。

◎異なるコミュニティをつなぐ手段

僕は今、「情報発信媒体としてのメディア」がこれまで培ってきた〝方法〟を、別のメディアにスライドさせることに関心を抱いている。今は、かつてのように出版物が売れるような時代ではない。インターネットが発達し、ウェブサイトも安価につくれるようになってきて、ネットで情報発信するのもたやすく、過当競争になってきているところがある。そんななか、広義のメディア、つまり「異なるコミュニティをつなぐ手段」としてのメディアをまちにインストールすることで、一過性のブームに終わらず、いっときの経済が潤うことをよしとせず、その地域に住む人たちが、自分たちで自分たちのまちの価値を発信することができるようになる。

そのためにはまず、コミュニティをつくることから始めなければいけない。ちょっとやそっとで崩壊してしまうようなもろいつながりではなく、いやでも最後まで議論をつくす運命共同体のようなコミュニティ、宮本常一が描いた「寄り合い」のようなもの。それは、手仕事や美意識のような、目には見えないが市民のあいだで受け継がれてきた地域の価値——生物学的な遺伝子（ジーン）に対して、文化的遺伝子（ミーム）と言ってもいい——を継承・発展させる担い手になる。

もちろん、「谷根千」のように有名になり、地価が上昇して観光客でごった返す地域になることが必ずしもよいとは言えないかもしれない。しかし、歴史的建造物や自然など、東京にいると日々塗り替えられてしまう風景のいくつかは『谷中・根津・千駄木』の活動によって確実に守られたはずだし、関わった人たちから、さまざまな市民グループが生まれ、今も活動を続けている。

「地域を活性化しましょう」「商店街を守りましょう」という耳障りのいい言葉は、いったい誰の言葉なのか。ヘキレキ舎の小松さんも、「文化の自己決定能力が地域には必要だ」と語る。まちの価値を決めるのは、そのまちに住む人たちであるべきだ。外から押し付けられるものでもない。また、東京など大都市から発せられる価値観を無意識のうちに内面化し、隷属することでもない。えてして地元の人でさえ気づかない地域の魅力を発掘するために、戦略的に外部の視点を入れる。内と外をかき混ぜて、硬直化したコミュニティをときほぐし、地域の価値をみんなで考え直す〝乗り物〟をつくること、その担い手としての小さなコミュニティをつくること。それが、今も昔も変わることなく、ローカルメディアに求められるもっとも重要な役割だと思う。

おわりに

『ローカルメディアのつくりかた』を出版して以来、改めて全国でメディアづくりを志したり既に携わる人々と話をしていると、抱えている課題や知りたい情報がさまざまにあることがわかってきた。例えば、既にメディア企業として地域に根を下ろしている新聞社、テレビ局、タウン誌などの出版社は、これまでと違う収入の経路を確保したり、これまで一方通行だった読者との関係を結び直したいと考えているし、行政やＮＰＯは漠然とメディアがまちづくりに役立つと理解しているけれど、どんな「かたち」なら地域課題を解決するか、どんなスキルをもつ人材を確保すればいいかについて考えを巡らせているし、個人は自己表現のため、もしくは仲間づくりのためにメディアづくりに手を出そうと考えている。そのため二章では、各地でメディアづくりに携わるプレイヤーに実際に寄稿していただき、それぞれの課題に応える実利的なノウハウを提示したつもりだ。

一方、ローカルメディアについて考えたり事例研究を進めていくと、これまでのマスメディアのような「一方的な情報発信媒体」としての性格をローカルメディアは持たなくなってきていると考えるようになった。「メディア」の役割が拡張している。メディアにできることはもっとたくさんある。ルールがないローカルメディアの新しい価値の側面を知ってもらうために、三章では改めて最近気になっている各地のメディアのつくり手に取材し、コミュニティや文化を醸成するためのメディアの役割について考察した。
二章で紹介した実践的なスキルを身につけつつ、三章で紹介したようなメディアの役割をもう一度考えて欲しい。各地でメディアを立ち上げたいと思う人は、目先の利益や話題性ではなく、コミュニティを攪拌し、地域の文化をつくる担い手としてメディアを使う手立てを、それぞれの仕方で身につけていってもらいたい。

前著『ローカルメディアのつくりかた』から引き続き、本書の編集を担ってくださった学芸出版社の井口夏実さん、ありがとうございました。まちづくりにメディアが役に立つ、という仮説を実践的にも事例研究としても明らかにしたいと考えていたので、本書の制作プロセスはとても有意義なものとなりました。また、二章の編集術実践編において、個別具体的なメソッドを、ご自身の経験に引き寄せながら執筆くださった幅允孝さん、多田智美さん、原田祐馬さん、原田一博さん、成田希さん、小松理虔さん、山崎亮さんにも感謝申し上げます。
本書が、各地でメディアづくりを志す人にとって、それぞれの地でユニークなメディアを生み出していく手立てになることを願っています。そして僕自身も一人の編集者として、各地で新しいメディアのかたちを模索していきたいと思っています。

二〇一八年四月　影山裕樹

〈編著〉

影山裕樹（かげやま ゆうき）

1982年東京生まれ。編集者。プロジェクト・エディター。千十一編集室代表。早稲田大学第二文学部卒業後、雑誌編集部、出版社勤務を経て独立。アート、カルチャー書のプロデュース・編集、雑誌やウェブ媒体での執筆活動の他、展覧会やイベントの企画・ディレクションなど幅広く活動を行っている。2018年合同会社千十一編集室を設立。著書に『ローカルメディアのつくりかた』『大人が作る秘密基地』、共編著に『ゲームの神様・横井軍平のことば』『十和田、奥入瀬　水と土地を巡る旅』など。近年の主な仕事に「十和田奥入瀬芸術祭」(2013)エディトリアル・ディレクション、「CIRCULATION KYOTO」(2017)プロジェクト・ディレクター、ウェブマガジン「EIDT LOCAL」(2017-)企画制作など。青山学院女子短期大学非常勤講師

〈著者〉※執筆順

幅允孝（はば よしたか）

有限会社BACH(バッハ)代表。ブックディレクター。未知なる本を手にする機会をつくるため、本屋と異業種を結びつける売場やライブラリーの制作をしている。その活動範囲は本の居場所と共に多岐にわたり、編集、執筆も手掛けている。著書に『本なんて読まなくたっていいのだけれど、』など。早稲田大学、愛知県立芸術大学非常勤講師

多田智美（ただ ともみ）

1980年生まれ。編集者。株式会社MUESUM代表。大阪を拠点に活動を展開。“出来事が生まれるところからアーカイブまで”をテーマに、アートやデザイン、福祉、地域など、さまざまな分野のプロジェクトに携わり、書籍やタブロイド、WEB、展覧会やイベントなどの企画・編集を手がける。DESIGNEAST共同ディレクター、京都造形芸術大学非常勤講師(2008‐)、XSCHOOL(福井市)プログラムディレクター(2016‐)、常滑焼DESIGN SCHOOL(常滑市)講師(2017‐)など。共著に『小豆島にみる日本の未来のつくり方』

原田祐馬（はらだ ゆうま）

1979年大阪生まれ。UMA / design farm代表。大阪を拠点に文化や福祉、地域に関わるプロジェクトを中心に、グラフィック、空間、展覧会や企画開発などを通して、理念を可視化し新しい体験をつくりだすことを目指している。「共に考え、共につくる」を大切に、対話と実験を繰り返すデザインを実践。グッドデザイン賞審査委員、京都造形芸術大学空間演出デザイン学科客員教授。愛犬の名前はワカメ

原田一博（はらだ かずひろ）

1981年生まれ。大阪府枚方市出身、同市在住。『枚方つーしん』編集部。株式会社morondo代表取締役。学生時代より株式投資をはじめ、個人投資家として過ごす。2008年株式会社morondo設立、2010年より『枚方つーしん』を本田一馬と運営。2015年枚方市総合計画審議会委員。『枚方つーしん』(通称ひらつー)は大阪府枚方市に特化したローカルメディア。月間約300万PVのウェブサイトのみならず、コワーキングスペースの運営やマルシェの開催なども手がける

成田希（なりた のぞみ）

1984年青森市生まれ。『はま太郎』編集長。横浜のふたり出版社、星羊社編集長、兼イラストレーター。大学進学にともない横浜に住む。大学院修了後、出版社勤務やフリーライターを経たのち、星山健太郎とともに伊勢佐木町にて星羊社を立ち上げる。2013年横浜の地域情報誌『はま太郎』創刊。横浜市民酒場組合所属店を取材した『横濱市民酒場グルリと』、青森の街の歴史と酒場文化を綴った地域本『めご太郎』などを刊行

小松理虔（こまつ りけん）

1979年福島県いわき市生まれ。フリーライター。ヘキレキ舎代表。報道記者、雑誌編集者、かまぼこメーカー広報などを経て2015年に独立。地域の生産者や中小企業の情報発信を支援する事業を展開しつつ、オルタナティブスペースUDOK.を主宰。地域に根ざした企画や情報発信を手がけている。共著本に『常磐線中心主義』など

山崎亮（やまざき りょう）

1973年愛知県生まれ。コミュニティデザイナー。studio-L代表。大阪府立大学大学院および東京大学大学院修了。博士(工学)。社会福祉士。建築・ランドスケープ設計事務所を経て、2005年にstudio-Lを設立。地域の課題を地域に住む人たちが解決するためのコミュニティデザインに携わる。まちづくりのワークショップ、住民参加型の総合計画づくり、市民参加型のパークマネジメントなどに関するプロジェクトが多い。著書に『コミュニティデザイン』『ふるさとを元気にする仕事』『コミュニティデザインの源流』『縮充する日本』『地域ごはん日記』など

ローカルメディアの仕事術
人と地域をつなぐ８つのメソッド

2018年5月10日　第1版第1刷発行
2023年3月20日　第1版第2刷発行

編著者……影山裕樹
著　者……幅允孝・多田智美・原田祐馬・原田一博・
成田希・小松理虔・山崎亮
発行者……井口夏実
発行所……株式会社 学芸出版社
〒600-8216 京都市下京区木津屋橋通西洞院東入
電話 075-343-0811
http://www.gakugei-pub.jp/
E-mail info@gakugei-pub.jp
装　丁……UMA/design farm
印　刷……イチダ写真製版
製　本……山崎紙工

ISBN978-4-7615-2679-5　Printed in Japan